Offenbach, 09. Februar 2003

Lieber Michael,

zu Deinem 36. Geburtstag
wünschen wir Dir von Herzen
alles erdenklich Gute
und in allen Lebenslagen
immer einen guten „Durchblick".

Deine Eltern

Hannelore + Dieter

Heico Neumeyer

DAS
DIGITALE
FOTOSTUDIO

Heico Neumeyer

DAS DIGITALE FOTOSTUDIO

KNAUR

Willkommen

Haben Sie eine neue Digitalkamera, laden Sie Ihre Bilder per Scanner in den Computer, oder bestellen Sie Photo-CDs von Ihren Negativen und Dias? Egal – bestimmt haben Sie sich auch schon über unscharfe, kontrastarme und farbstichtige Digitalfotos geärgert. Dieses Buch zeigt darum, wie Sie Ihre Aufnahmen am PC zu Glanzstücken aufpolieren. Und neben Kontrastkorrektur und Retusche besprechen wir alle anderen wesentlichen Aufgaben im digitalen Fotostudio: das Sichten, Sortieren, Archivieren und Präsentieren ebenso wie Spezialeffekte, Montage, Drucken und Internetgestaltung.
Sie müssen weder Fotoprofi noch PC-Experte sein, um dieses Buch zu verwenden. Wir zeigen Ihnen alle Grundlagen, die für den Umgang mit digitalen Bildern wirklich wichtig sind.

Wie ist eine Bilddatei aufgebaut, was muss man beim Speichern, beim Scannen und beim Drucken beachten? Dieses Buch liefert das nötige Hintergrundwissen für Ihre Praxis. Großzügige Abbildungen verdeutlichen anschaulich die technischen Zusammenhänge.

Mehr als ein Dutzend Bildprogramme rangeln um die Gunst der Fotogestalter. Jedes Programm ermöglicht die übliche Bildbearbeitung. Doch bei Bedienung und Extras unterscheiden sich die Angebote ganz wesentlich.

Darum erläutern wir zunächst nicht jede Funktion für jedes einzelne Programm. Wir konzentrieren uns auf typische, immer wiederkehrende Aufgaben der Bildbearbeitung und Lösungen, die fast immer funktionieren. Im „Service"-Teil ab Seite 130 lesen Sie dann ganz konkret, welches Programm die Aufgabe wie erledigt – oder auch nicht. So lernen Sie Ihr eigenes Bildprogramm besser kennen; und Sie können die Möglichkeiten bei der Konkurrenz einschätzen. Der „Service"-Teil nennt zudem interessante Internetadressen für kostenlose Informationen, Programme, Bilder oder Zusatzbefehle.

Vielleicht stehen Sie aber auch erst vor der Entscheidung, ein Bildbearbeitungsprogramm zu kaufen: Ab Seite 130 stellen wir darum alle aktuellen, wichtigen Programme vor – kurz und bündig, von 0 bis 1100 Euro, mit klaren Tipps und Empfehlungen für jeden Bedarf.
Viel Spaß mit diesem Buch – und beim Aufpolieren Ihrer eigenen Bilder!

Ihr
Heico Neumeyer

Inhaltsverzeichnis

1

Ihr digitales Fotostudio

Retuschieren und montieren Sie Ihre Aufnahmen am Bildschirm, laden Sie eigene Internetseiten ins weltweite Netz, und drucken Sie perfekte Einladungskarten. Auf den folgenden Seiten erfahren Sie, was machbar ist mit Ihren Bildern.

1

Ihr starker Auftritt

Die digitale Bildbearbeitung beginnt schon, wenn Sie Ihre Fotos in den Rechner holen: Beim Übertragen der Aufnahmen von einer Digitalkamera oder beim Scannen machen Sie bereits Vorgaben, die über die weitere Brauchbarkeit entscheiden. Und wenn Sie die Fotokorrektur mit einem Scharfzeichner abschließen, sind die Möglichkeiten Ihres Bildprogramms noch längst nicht am Ende: Auch bei der anschließenden Präsentation Ihrer Meisterwerke erhalten Sie Unterstützung – beim Druck oder für die eigene Internetseite. Alle Verfahren, die unser Überblick streift, lernen Sie in den anschließenden Kapiteln genau kennen.

TECHNIK & AUSSTATTUNG

Für schnelle, unkomplizierte Bildbearbeitung sollte man die richtigen Geräte haben und ein paar Computerkenntnisse mitbringen. Doch welche Geräte und Programme braucht man für optimale Bildbearbeitung? Für den Einstieg muss es nicht unbedingt der teuerste Rechner sein. Nicht einmal ein Drucker oder Scanner ist erforderlich Sie können ja auch Dienstleister für sich arbeiten lassen. Wenn jedoch die Ansprüche wachsen, dann sollten Sie sich mit der Technik besser auskennen. Denken Sie auch über Zusatzprogramme und -geräte nach, zum Beispiel Grafiktablett oder Bilddatenbank.

Alle Informationen ab Seite 12

DIE GRUNDLAGEN BEHERRSCHEN

Wie sieht eine Bilddatei im Innersten aus? Begriffe wie „Farbtiefe“, „Pixel“, „Vektoren“ oder „Auflösung“ verwirren vielleicht zunächst. Doch die Konfusion ist schnell geklärt, und es lohnt sich, die Zusammenhänge zu durchschauen: Mit etwas Grundlagenwissen steuern Sie Bildmaße und Dateigröße nach Belieben, Sie beschleunigen die Datenübertragung und sparen viel Speicherplatz auf dem eigenen Rechner. Sie verwenden in jeder Situation den richtigen Dateityp - TIFF für die laufende Arbeit, JPEG fürs Internet -, und Sie müssen sich weder über allzu große Dateien noch über unerwarteten Qualitätsverlust ärgern.
Wenn Sie wissen, was sich konkret hinter Begriffen wie „RGB-Farbe“, „Graustufen“ oder „Palettenfarbe“ verbirgt, dann können Sie viele Fehlerquellen und Fallstricke vermeiden, Sie speichern Ihre Bilder jederzeit mit dem optimalen Verfahren.

Alle Informationen ab Seite 104

Neue Fotowelt:
Aus der Digitalkamera in den PC und auf den Drucker – so macht die Bildbearbeitung Spaß.

PRÄSENTATION AM MONITOR

Die Bildvorführung am Monitor ist oft bequemer, schneller, billiger und sogar besser als auf Papier. Im Internet zeigen Sie Ihre gesammelten Werke einem weltweiten Publikum. Legen Sie zum Beispiel eine Bildgalerie an: Ein langer Reigen von Miniaturfotos, die der Betrachter nach Wahl anklickt - schon sieht er das vergrößerte Bild. Aber das ist noch nicht alles: Aufleuchtende Schaltflächen mit Hyperlinks zu anderen Internetseiten sind ebenso möglich wie Trickfilme und spezielle Speicherverfahren, mit denen Sie die Datenmenge gezielt herunterschrauben.

Aber Sie müssen die Fotos gar nicht immer ins Netz stellen, man kann seine besten Ergebnisse ja auch auf CD oder DVD weitergeben. Nutzen Sie zum Beispiel die Diaschau-Funktion: Ihre Fotos flimmern im 10-Sekunden-Takt vorbei, Musik und Überblendeffekte sorgen für Kurzweil. Führen Sie Ihre Schau bei Freunden auf dem Computer oder am Fernseher vor.

Alle Informationen ab Seite 118

ALLE PROGRAMME, ALLE DETAILS

Dutzende von Programmen zur Bildbearbeitung überschwemmen den Markt - von kostenlos bis 1100 Euro teuer. Doch welches Produkt passt zu Ihren Ansprüchen, wie lassen sich die Beispiele aus diesem Buch mit einem ganz konkreten Programm abarbeiten, zum Beispiel mit Paint Shop Pro, Photoshop oder PhotoImpact? Im Bereich der Bildprogramme gibt es eindeutig getrennte Klassen – die Spaßprogramme, die Mittelklasse- und die Profissoftware. Jedes Produkt hat zudem eigene Schwerpunkte und Schwächen. Wir stellen alle wichtigen Programme im Porträt vor und zeigen, wie Sie die Beispiele aus diesem Buch konkret mit einzelnen Programmen abarbeiten.

Alle Informationen ab Seite 130

Restauriert: Die historische Postkarte war nachgedunkelt und beschriftet, die Briefmarke ausgeschnitten. Ein Bildprogramm stellt die Ansicht wieder her.

Überraschender Auftritt: Drucken Sie Ihre Fotos auf Tassen, T-Shirts oder Klebefolie.

Alles ist möglich

Finden Sie viele Digitalfotos zunächst enttäuschend? Sie wirken farbstichig und unscharf, oft weitaus schwächer als übliche Papierbilder vom Fotohändler. Doch solche Mängel poliert Ihr Programm meisterlich auf. Und das war noch nicht alles: Montieren Sie Bildteile nach Lust und Laune, zaubern Sie Zusatzeffekte und Schriftzüge in Ihre Motive.

KORRIGIEREN …

Zunächst einmal schneiden Sie überflüssigen Bildrand weg und beheben schief fotografierte Horizonte. Wenn das Bild viel zu groß ist, rechnen Sie die Bildpunktzahl herunter. Dann geht es an die Kontraste: Sie dehnen das Helligkeitsspektrum Ihres Fotos so aus, dass es vom tiefsten Schwarz bis zum hellsten Weiß alle denkbaren Tonwerte ausnutzt – allein dadurch gewinnen viele Aufnahmen enorm an Brillanz. Anschließend beackern Sie die Farbstimmung oder färben einzelne Bildteile gezielt um, zum Beispiel Ihr Auto. Dann das Finish: Mit einem gezielten Scharfzeichner zaubern Sie knackige Kanten und frische Konturen in vormals schwammige Fotos.

Alle Informationen ab Seite 26

… RETUSCHIEREN …

Aber auch eine ausgefeilte Kontrastkorrektur nützt nichts, wenn unerwünschte Flusen, Flecken, Handschrift oder Ex-Lover das Foto verunzieren. Hier hilft Ihr Bildprogramm mit Retuschetechnik weiter: Lassen Sie Störstellen diskret verschwinden – als ob es sie nie gegeben hätte.

Digitale Pinsel erledigen viele Aufgaben. Sie tuschen nicht nur Farbe ins Bild, malen neue Meisterwerke frei Hand oder kolorieren Schwarzweißaufnahmen. Klicken Sie Hilfswerkzeuge wie den Aufhellpinsel oder den Scharfzeichnerpinsel an, um einzelne Bildstellen gezielt zu veredeln.

Alle Informationen ab Seite 48

Keine Spuren im Sand: Entfernen Sie unerwünschte Details aus Ihren Erinnerungen.

... AUSWÄHLEN ...

Wollen Sie nur einzelne Bildteile korrigieren oder montieren, greifen Sie zu digitalen Werkzeugen wie Lasso oder Zauberstab. Sie trennen Ihre Motive sauber aus der ursprünglichen Umgebung heraus. Wenden Sie alle Tricks und Kniffe an, und behalten Sie die Geduld - nur so montieren Sie Ihre Darsteller und Objekte wirklich nahtlos und ohne hässliche Schnittkanten vor den neuen Hintergrund.

Alle Informationen ab Seite 58

... MONTIEREN ...

Fotomontagen sind oft das Schönste bei der Bildbearbeitung: Sie kombinieren Motivteile nach Belieben, legen Ausschnitte über- und untereinander und peppen die Collage mit raffinierten Überblendverfahren auf. Klinken Sie noch einen Schriftzug dazu, schon haben Sie einzigartige persönliche Postkarten oder Flaschenetiketten. Montieren Sie Ihre neue Adresse in ein Umzugsfoto, oder gestalten Sie ein spektakuläres Startbild für Ihre Diaschau.

Alle Informationen ab Seite 68

... UND SPECIAL EFFECTS

Die Filmleute nennen es Postproduction, doch das können Sie auch. Rechnen Sie Spezialeffekte in Ihre Motive. Ihr Bildprogramm wird zum Reich der unbegrenzten Möglichkeiten: Vom Schneetreiben bis zum Flutlicht, von der Nostalgiewirkung bis zur Weichzeichner-Stimmung à la Hamilton fehlt es an nichts. Für besondere Anlässe biegen Sie eine Erdbeere in Herzform, oder verleihen Sie Ihren Landschaftsfotos ein zweites Leben als impressionistisches Gemälde auf rustikaler Leinwand.

Alle Informationen ab Seite 86

Schnell gefunden

Sie haben eine konkrete Frage, brauchen nur eine kurze Information? Dann müssen Sie das Buch nicht von vorn bis hinten durcharbeiten. Das Suchwortregister auf Seite 143 führt Sie schnell und zuverlässig zu allen Aspekten der Bildbearbeitung.

Unscharf, blaustichig und zu dunkel: Solche Ergebnisse polieren Sie am Computer auf.

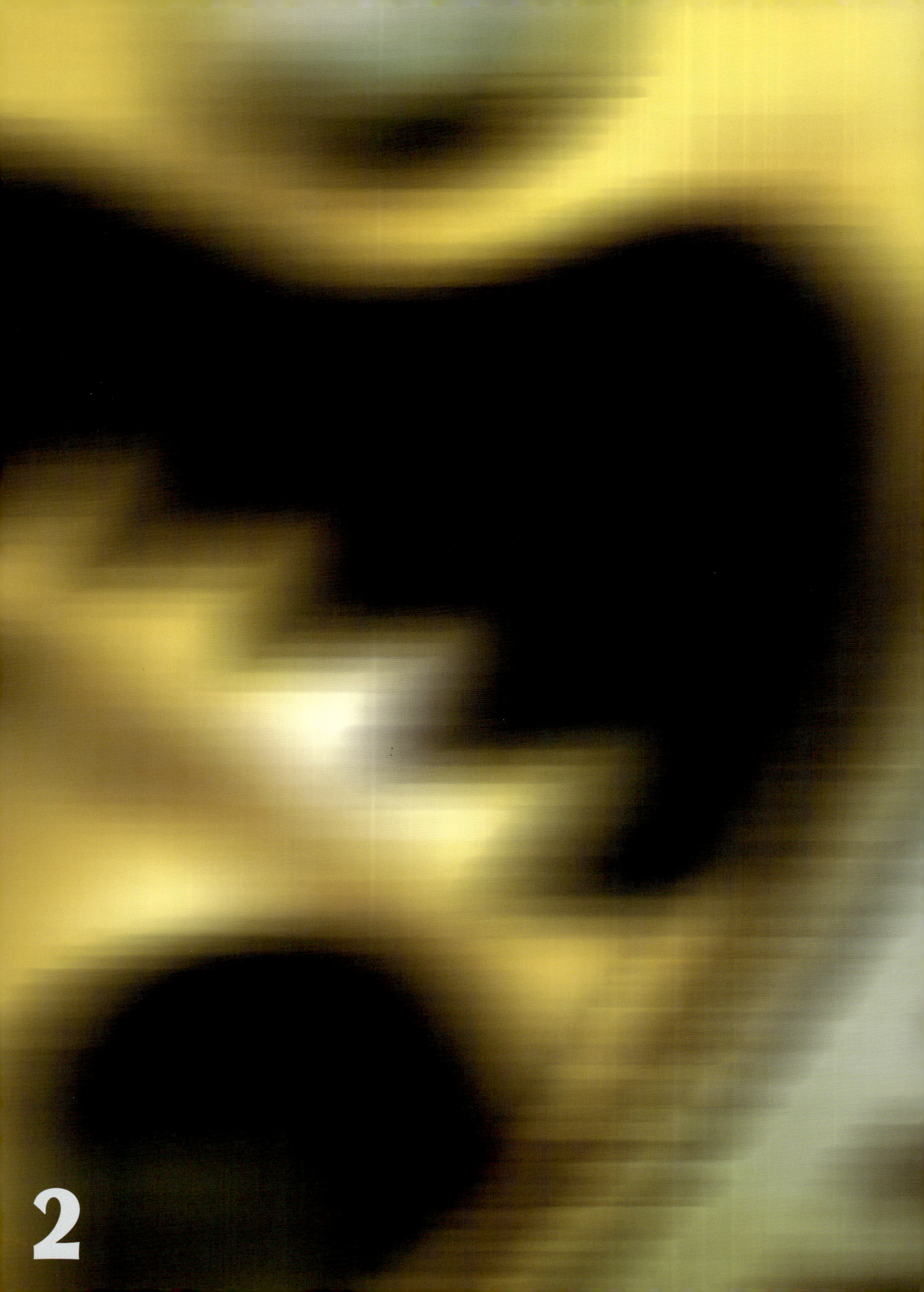

2

Technik & Ausstattung

In diesem Kapitel besprechen wir, was Sie zur Bildbearbeitung brauchen - Betriebssystem, Programme und Geräte. Wir klären, wie Sie Ihr System optimal einrichten und wie Sie Ihr Bildprogramm professionell anwenden.

2

Die Ausstattung

Welchen Computer und welche Programme brauchen Sie für den Einstieg in die Bildbearbeitung? Darum geht es in diesem Abschnitt.

DAS RICHTIGE BETRIEBSSYSTEM

Die meisten Bildbearbeiter nutzen Windows oder Macintosh als Betriebssystem. Diese Software vermittelt zwischen Ihrem Computer und Anwendungsprogrammen wie etwa dem Bildprogramm.

Die Macintosh-Rechner des Herstellers Apple sind nicht unbedingt teurer als Windows-Geräte einer vergleichbaren Klasse. Fest steht: Windows-Rechner trifft man im Privatbereich und in Büros öfter an als Macs, Windows-Experten sind leichter aufzutreiben als Mac-Spezialisten. Außerdem existieren für Windows viele günstige und gute Bildprogramme der Mittelklasse (Seite 131). Dazu kommen viele billige oder gar kostenlose Miniprogramme für Bildbearbeiter und für alle anderen Büro- und Freizeitaufgaben – weit mehr als für den Mac.

Von Macintosh-Computern heißt es manchmal, dass es viel seltener zu Programmfehlern und Datenverlust kommt. Außerdem lassen sich Macs oft besonders einfach mit Scannern, Druckern oder Digitalkameras verbinden. Die Rechner mit dem Apfel-Logo trifft man vor allem in Grafikstudios, Verlagen und Druckereien. Für den Macintosh bekommen Sie nur wenig Bildprogramme der günstigen Mittelklasse.

EIN COMPUTER NACH MASS

Computerkomponenten wie Festplatten oder Speicherchips werden ständig leistungsfähiger, die Preise fallen – doch gleichzeitig stellen Bildprogramme und Betriebssystem immer höhere Anforderungen an den Computer. Ein Einzelbild auf diesen Seiten beansprucht mehr Speicher als das komplette Textmanuskript. Das heißt: Bildbearbeiter hantieren meist mit großen Datenmengen – weit mehr als bei Text oder Internet. Besonders wichtig sind da viel Arbeitsspeicher und Festplattenkapazität ohne Ende. Zumindest sollte Ihr Gerät leicht erweiterbar sein.

ARBEITSSPEICHER UND FESTPLATTE

Am wichtigsten ist der Arbeitsspeicher (auch RAM oder Hauptspeicher), sozusagen das Kurzzeitgedächtnis Ihres Rechners: Betriebssystem und Bildprogramm laden alle aktuell erforderlichen Daten von der Festplatte in den Arbeitsspeicher, denn die Arbeitsspeicher-Chips im Rechner ermöglichen einen blitzschnellen Zugriff. Je mehr Arbeitsspeicher Sie haben, desto

Anschlussfreudig: Die Hauptplatine des Rechners bietet Steckplätze für Arbeitsspeicher, Prozessor, Grafikkarte und andere Erweiterungen.

Pixel-Profi: Apple-Computer sind in Verlagen und Agenturen verbreitet.

mehr und desto größere Bilder können Sie öffnen, außerdem lassen sich mehr Programme gleichzeitig nutzen. Ein knapper Arbeitsspeicher bremst den Computer ungemein; dies gilt für Werte von 128 Megabyte oder weniger.
Die Festplatte (auch HDD oder Harddisk) besteht aus rotierenden, magnetisierten Scheiben. Sie ist weit langsamer und kostengünstiger als die Arbeitsspeicher-Chips, und sie speichert Daten und Programme auch ohne Stromzufuhr. Reicht der Arbeitsspeicher nicht aus, lagern die Programme aktuelle Daten auf die Festplatte aus. Das Festplattenlämpchen an Ihrem Computer leuchtet also, obwohl Sie gar nichts speichern, alle Vorgänge verlangsamen sich drastisch.
Am besten richten Sie Ihr System so ein, dass Ihre Programme im laufenden Betrieb nicht auf die Festplatte auslagern müssen – möglichst viel Arbeitsspeicher sollte zur Verfügung stehen.

Ran an den RAM

Die Geschwindigkeit des Hauptprozessors (CPU) spielt nicht die erste Rolle. Verzichten Sie lieber auf den allerneuesten Prozessor, und investieren Sie mehr in Arbeitsspeicher und Monitore.

BILDSCHIRM UND GRAFIKKARTE

Die Grafikkarte ist eine besondere Platine im PC; sie steckt auf der Hauptplatine und versorgt den Bildschirm mit Signalen. Die Grafikkarte sollte möglichst viele Bildpunkte hoch mal quer darstellen – und das bei einer hohen, augenschonenden Bildwiederholfrequenz. Sinnvoll für Bildprogramme: 1280x1024 Bildschirmpunkte bei einer Wiederholrate von mindestens 85 Hertz (85mal pro Sekunde).
Sie haben mehr Platz für Paletten, Bilddateien und Programme, wenn Sie den Monitor mit 1600 oder gar 1800 Bildpunkten ansteuern – das ist so angenehm wie ein größerer Schreibtisch im Arbeitszimmer. Engagierte Nutzer verwenden Zweischirm-Systeme: Sie installieren eine Grafikkarte, die den Monitorinhalt auf zwei Bildschirme verteilt.

Vielseitig: Flachbettscanner bringen Papierbilder, aber auch Dias und Negative in den Rechner.

ZUSATZGERÄTE NACH WAHL

Hochwertige Farbprints erzeugen Sie vor allem mit Farbtintenstrahldruckern. Diese Geräte wirken zunächst erschwinglich – beachten Sie jedoch die hohen Druckkosten von 50 Cent bis 2 Euro pro Seite.
Wenn Sie zahlreiche Papierbilder digitalisieren und am Rechner bearbeiten möchten, schaffen Sie einen Flachbettscanner an. Diese Geräte scannen mit einer sogenannten Durchlichteinheit auch Negative oder Dias. Bessere Ergebnisse liefern jedoch spezielle Filmscanner. Digitalkameras versorgen Sie im Handumdrehen mit aktuellen und hochwertigen Fotos. Die Alternative zum teuren Gerätepark: Nutzen Sie Scan- und Druckdienste (Seite 24).

SOFTWARE FÜR JEDEN BEDARF

Schlichte Bildprogramme finden Sie im Internet und als Zubehör zu Scannern und Digitalkameras. Doch empfehlenswert für den Einstieg sind eher die erschwinglichen Bildprogramme der Mittelklasse (Seite 131). Profis kommen allerdings nicht um den teuren Photoshop in der aktuellen Vollversion herum. Eventuell brauchen Sie noch eine separate Bilddatenbank (Seite 22). Auch Programme zur Seitengestaltung, für Internet-Entwürfe oder Grafikdesign gehören zur Grundaustattung vieler Grafikrechner.

Voreinstellungen

Bei der Bildbearbeitung bewegt Ihr Rechner riesige Datenmengen. Trimmen Sie Ihren Computer also mit gezielten Vorgaben auf mehr Tempo.

RÄUMEN SIE DIE FESTPLATTE AUF

Wenn der Arbeitsspeicher nicht ausreicht, verschieben die Programme ihre Daten zeitaufwändig aus dem Arbeitsspeicher auf die Festplatte. Doch wenn die Festplatte schon rotieren muss, dann sollte sie wenigstens gut aufgeräumt sein – das beschleunigt den Datentransfer.

Löschen Sie überflüssige Dateien oder Programme ganz von der Festplatte. Suchen Sie nutzlose Datensplitter - sogenannte „verlorene Zuordnungseinheiten" oder „lost clusters". Unter Windows hilft Ihnen dabei das Programm „ScanDisk".

Per Defragmentierung räumen Sie die Festplatte auf: Die lose über die Festplatte verstreuten Daten werden ordentlich nebeneinander gelegt. Dadurch entstehen größere freie Blöcke, Ihr Bildprogramm kann schneller Daten schaufeln.

FESTPLATTE FÜR DAS BETRIEBSSYSTEM

Reicht der Arbeitsspeicher nicht aus, muss Ihr Betriebssystem Daten auf die Festplatte auslagern. Für diesen Vorgang sollten Sie dem Betriebssystem genug Platz dauerhaft zur Verfügung stellen – und zwar meist ebensoviel Festplatte, wie Arbeitsspeicher installiert ist.

Unter Windows wählen Sie in der „Systemsteuerung" das „System", gehen dort auf die Karte „Leistungsmerkmale" und klicken auf „Virtueller Arbeitsspeicher". Nutzen Sie die Option „Es gelten benutzerdefinierte Einstellungen für den virtuellen Speicher". In den Feldern „Minimum" und „Maximum" tragen Sie jeweils den selben Wert ein, zum Beispiel zweimal „256". So verhindern Sie, dass Windows den Auslagerungsbereich permanent neu ermittelt. Ein großzügiger, fester Auslagerungsbereich ist zu empfehlen.

Speicherfresser: Komplexe Montagen verlangen hohe Rechnerleistung.

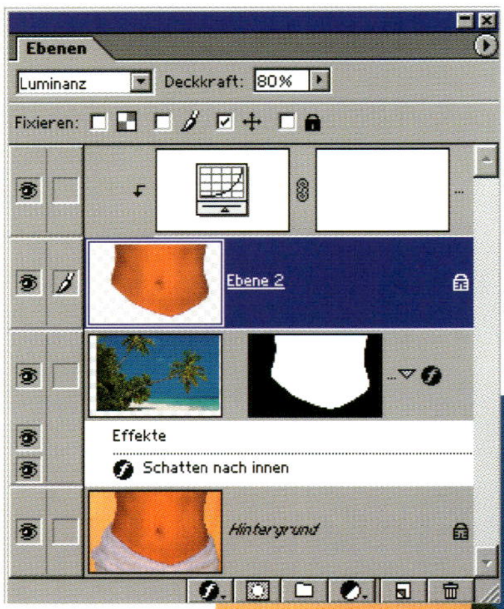

FESTPLATTE FÜR DAS BILDPROGRAMM

Zum Auslagern auf die Festplatte verwendet das Bildprogramm nicht irgendeinen Bereich. Stattdessen geben Sie präzise in den Voreinstellungen an, welche Festplatten oder Festplattenbereiche das Programm ansteuern darf. Machen Sie die Angaben unbedingt so, dass Ihrem Programm mehrere 100 Megabyte Festplatte zur Verfügung stehen; das gilt auch, wenn Sie viel Arbeitsspeicher besitzen. Geben Sie Ihrem Bildprogramm zum Auslagern am besten schnelle, freie Festplatten an.

Mehr Platz

Viele Programme erzeugen für interne Zwecke sogenannte Temporär-Dateien auf der Festplatte; sie werden nach Beenden des Programms wieder gelöscht. Bei Programmfehlern oder Abstürzen blockieren diese oft riesigen Daten jedoch dauerhaft Ihre Festplatte. Suchen Sie darum nach Dateien mit der Endung „.tmp" – sie können zumeist gelöscht werden.

CHECKLISTE: SO SCHONEN SIE DEN ARBEITSSPEICHER

Arbeiten Sie stets so, dass Sie möglichst wenig Arbeitsspeicher beanspruchen:

- Schließen Sie unnötige Bilder oder Programme.
- Verhindern Sie den automatischen Start von überflüssigen Programmen.
- Entfernen Sie überflüssige Schriftarten und Farbprofile.
- Löschen oder verschmelzen Sie überflüssige Montageebenen, Ebenenmasken oder Alphakanäle.
- Kappen Sie überschüssigen Bildrand.
- Tilgen Sie mit Befehlen wie „Bearbeiten/Löschen" Daten aus dem Arbeitsspeicher. Damit entfernen Sie zum Beispiel Bildteile, die Sie durch „Kopieren" in die Zwischenablage, also in den Arbeitsspeicher, geschrieben haben; Sie löschen hier auch zahlreiche Zwischenfassungen Ihres Bildes, die das Programm zum Widerrufen bisheriger Korrekturen noch bereithält.

Speicherschonend arbeiten: Löschen Sie überflüssige Daten aus dem Arbeitsspeicher.

Die richtige Farbtiefe: Stellen Sie Ihren Rechner so ein, dass er möglichst mit 24 Bit Farbtiefe und hoher Bildpunktzahl arbeitet.

Aufräumarbeit: Bei der Defragmentierung werden verstreute Datenblöcke platzsparend nebeneinander angeordnet.

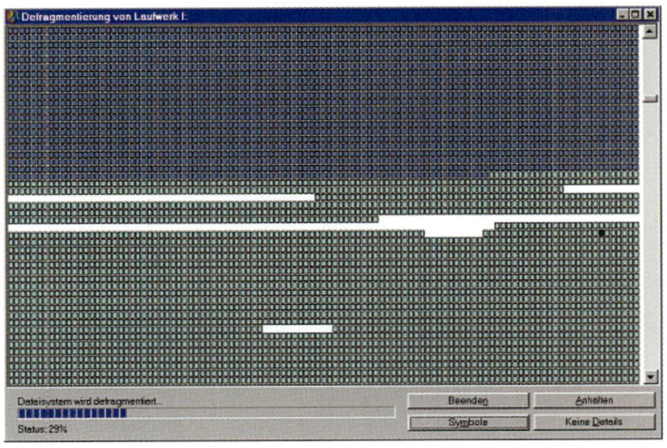

Einstellungssache: Legen Sie genau fest, welche Speicherbereiche Ihr Bildprogramm verwenden darf.

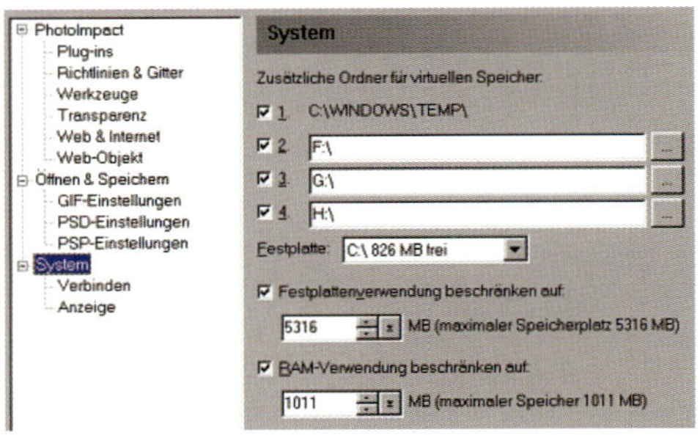

Ihr Bildprogramm

Neue Bildprogramme überwältigen zunächst mit einer Vielzahl von Menübefehlen, Paletten und Werkzeugen. Hier gilt: Zeigen Sie nur die wichtigsten Programmelemente an, und blenden Sie alles Unwesentliche aus. Diese Doppelseite bietet Ihnen einen schnellen Überblick über alle Funktionen; alle wichtigen Programm-Elemente besprechen wir ausführlich in den weiteren Kapiteln.

DAS PROGRAMMFENSTER

Volles Programm: Sie steuern Ihr Bildprogramm mit Werkzeugleisten, Paletten und Menübefehlen. Die Paletten liefern wichtige Informationen über den Bildaufbau, über weitere vorhandene Fotos oder über Pinselspitzen zum Malen und Retuschieren.

Ordnung schaffen

Paletten und Werkzeugleisten überfüllen den Bildschirm, die Darstellung wirkt konfus. Hier hilft oft ein Druck auf die Tabulator-Taste: Damit verbergen Sie alle Paletten. Ein zweiter Tastendruck zaubert die Paletten wieder hervor.

Leiste mit Einstellmöglichkeiten für das eingeschaltete Werkzeug, hier für das Lasso

Haupt-Menüleiste

Anfasspunkt, um Leisten zu verschieben

Ablage für nicht benötigte Paletten

Schaltflächen-Leiste für Standardbefehle wie „Speichern“ oder „Drucken“

Aktives Bild, Titelleiste nennt Zoomstufe, aktive Ebene und Farbmodus

Werkzeugleiste, hier mit eingeschaltetem Lasso

Palettenmenü hier öffnen

Paletten für technische Informationen, Montageebenen, vorhandene Bilder

Informationsleiste oder **Statuszeile** mit technischen Informationen

DIE WERKZEUGLEISTE

Jedes Bildprogramm verfügt über eine Vielzahl von Werkzeugen, mit denen Sie Ihre Fotos bearbeiten – Sie können Farbe auftragen, Bildbereiche duplizieren, auswählen, verschieben, aufhellen oder ausradieren, oder fügen Sie einen Schriftzug hinzu. Klicken Sie ein Werkzeug an, dann arbeiten Sie mit gedrückter Maustaste im Bild. Unsere Grafik zeigt die wichtigsten Werkzeuge eines gängigen Bildprogramms. Die Werkzeugsymbole unterscheiden sich bei den einzelnen Programmen geringfügig.

Schnell geschaltet

Sie müssen das Werkzeug nicht immer anklicken, um es einzuschalten. Bei manchen Programmen aktiviert schon ein einfacher Tastendruck das Werkzeug. Die erforderliche Taste lesen Sie meist in der Einblenderklärung. Drücken Sie zum Beispiel auf „L", um das Lasso einzuschalten.

Bewegen-Werkzeug. Aktiviert und verschiebt Montage-Ebenen.

Lasso (eingeschaltet)**.** Wählt Bildteile durch Mausbewegung aus.

Rechteckauswahl. Wählt rechteckige Bildteile aus.

Zauberstab. Wählt farbähnliche Bildbereiche aus.

Freistellwerkzeug. Entfernt unerwünschte Bildränder.

Airbrush. Trägt feine Farbspuren auf.

Kopierstempel oder **Duplizierpinsel.** Dupliziert gewählte Bildbereiche.

Radiergummi. Löscht Teile einer Montage-Ebene oder trägt Hintergrundfarbe auf.

Weichzeichner. Reduziert Bildschärfe.

Nachbelichter oder **Abdunkler.** Dunkelt Bildbereiche ab.

Textwerkzeug. Erzeugt Schriftzüge.

Anmerkungen. Erzeugt Textanmerkungen im Bild, die nicht mitgedruckt werden.

Verschiebe-Hand. Bewegt das Foto innerhalb des Bildfensters; verändert das Bild nicht.

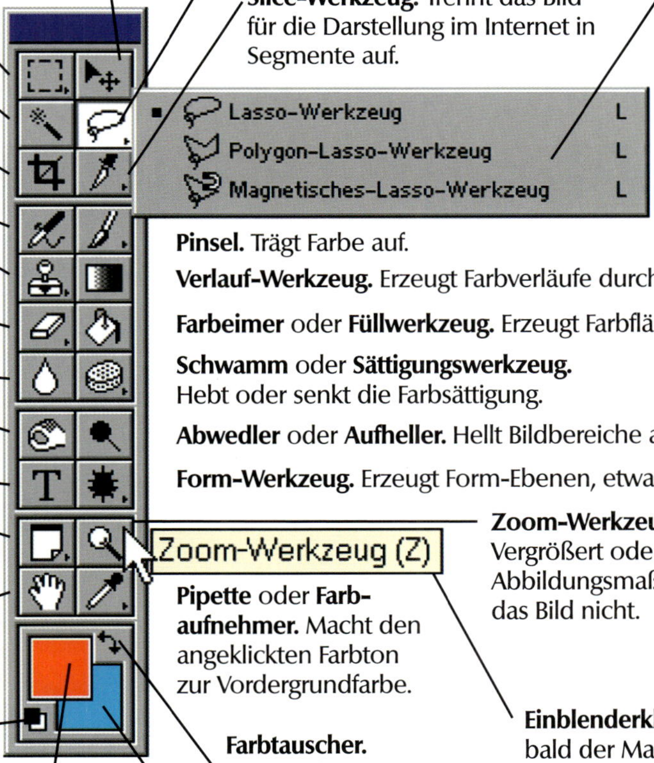

Slice-Werkzeug. Trennt das Bild für die Darstellung im Internet in Segmente auf.

Weitere verwandte Werkzeuge. Per Klick öffnet sich ein Menü mit verwandten Werkzeugen; dort wird auch das Tastaturkürzel (die „L"-Taste) für das Werkzeug genannt.

Pinsel. Trägt Farbe auf.

Verlauf-Werkzeug. Erzeugt Farbverläufe durch Ziehen im Bild.

Farbeimer oder **Füllwerkzeug.** Erzeugt Farbflächen.

Schwamm oder **Sättigungswerkzeug.** Hebt oder senkt die Farbsättigung.

Abwedler oder **Aufheller.** Hellt Bildbereiche auf.

Form-Werkzeug. Erzeugt Form-Ebenen, etwa Kreise oder Sterne.

Zoom-Werkzeug oder **Lupe.** Vergrößert oder verkleinert den Abbildungsmaßstab; verändert das Bild nicht.

Pipette oder **Farbaufnehmer.** Macht den angeklickten Farbton zur Vordergrundfarbe.

Einblenderklärung. Erscheint, sobald der Mauszeiger über einem Werkzeug ruht; hier wird auch das Tastaturkürzel (die „Z"-Taste) für das Werkzeug genannt.

Farbtauscher. Vertauscht Vorder- und Hintergrundfarbe.

Standardfarben. Klicken, um Vorder- und Hintergrundfarbe auf Schwarz und Weiß zu setzen.

Aktuelle Vordergrundfarbe. Klicken, um Farbe zu ändern.

Aktuelle Hintergrundfarbe. Klicken, um Farbe zu ändern.

Effizient arbeiten

Setzen Sie Ihr Bildprogramm optimal ein. Mit den richtigen Methoden arbeiten Sie effektiver und genauer.

DIE RICHTIGE ZOOMSTUFE

Mit der Lupe Ihres Bildprogramms stellen Sie die Fotos in verschiedenen Abbildungsmaßstäben dar. Dabei verändern Sie nie die Bildinformation, sondern nur die aktuelle Betrachtungsweise.

Die Zoomstufe 100,00 Prozent ist besonders wichtig; sie heißt in einigen Programmen 1:1. 100 Prozent, das bedeutet wohlgemerkt nicht die Abbildung in der späteren Druckgröße – die Druckmaße erkennen Sie nie aus der üblichen Monitoranzeige im Bildprogramm, sondern nur in der Druckvorschau. Zoomstufe 100 Prozent heißt vielmehr: Das Programm stellt einen Punkt des Bildes exakt auf einem Punkt der Monitorfläche dar. Ein Beispiel: Ihr Monitor arbeitet mit 1280x1024 Punkten; Sie könnten also ein Bild mit 1024x768 Punkten problemlos vollständig in der 100-Prozent-Ansicht betrachten. Wie groß es gedruckt wird, ist eine ganz andere Sache.

Einfacher Zugriff

Alle Bildprogramme bieten spezielle Befehle oder Tastaturgriffe, um die 100-Prozent-Zoomstufe schnell einzurichten.

KRITISCHE MOTIVE

Nur die Zoomstufe 100 Prozent zeigt Ihnen tatsächlich alle Originalinformationen Ihrer Fotodatei. Problematisch sind dagegen vor allem verkleinernde, ungerade Zoomstufen wie etwa 76,54 Prozent. Hier muss das Programm für die Monitorabbildung einige Bildpunkt-Zeilen des Motivs ignorieren, viele andere Bildpunktzeilen werden jedoch angezeigt.

Der ungerade Abbildungsmaßstab führt bei einigen Motiven zu verzerrter Monitoranzeige – etwa bei feinen Strukturen in Naturmaterial oder Stoff, bei Linienmustern und bei Bilddateien mit Raster oder Streuraster. Prüfen Sie diese Motive immer auch in der Zoomstufe 100 Prozent.

Und auch für bestimmte Funktionen gilt: Kontrollieren Sie das Ergebnis auf jeden Fall in der Zoomstufe 100,00 Prozent. Gemeint sind unter anderem Scharfzeichner, Rasterung, Störfilter und malerische Effekte, die ein fein ziseliertes Muster über die Bilddatei legen. Die Ergebnisse lassen sich korrekt nur in der 100-Prozent-Ansicht beurteilen.

Zoomstufen im Vergleich:
Die 100-Prozent-Zoomstufe links zeigt das Bild unverfälscht.
Rechts: In der Verkleinerung erscheint ein größerer Teil des Fotos im Bildfenster, er wirkt jedoch verzerrt.

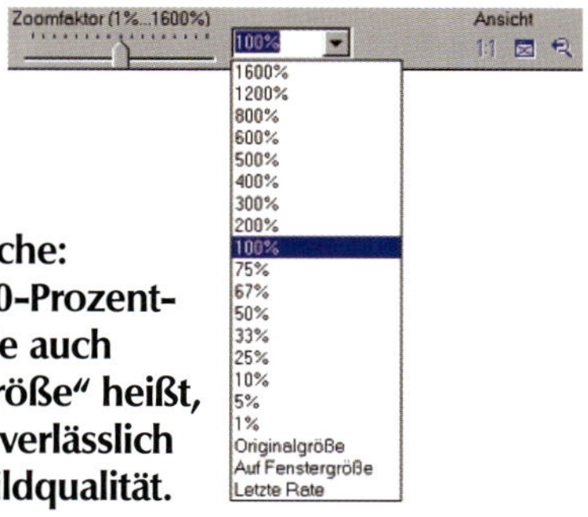

Ansichtssache:
Nur die 100-Prozent-Ansicht, die auch „Originalgröße" heißt, informiert verlässlich über die Bildqualität.

SCHNELLER MIT TASTATURKÜRZELN

Schneller als per Mausklick erreichen Sie viele Befehle, Paletten und Werkzeuge per Tastaturgriff. Drücken Sie zum Beispiel einfach das „L“ auf der Tastatur, um das Lasso-Werkzeug einzuschalten, oder drücken Sie Strg+P zum Drucken. Im Programmhandbuch oder in den Hilfedateien finden Sie meist eine entsprechende Liste, auch in den Menüs werden die Tastengriffe genannt.

WICHTIGE TASTATURGRIFFE

Einige Kurzbefehle sind bei fast allem Programmen gleich.
Die wichtigsten Schnellgriffe:

Strg+A	Alles auswählen
Strg+D	Auswahl aufheben
Strg+C	Kopieren
Strg+V	Einfügen
Strg+P	Drucken
Strg+W	Datei schließen
Strg+Q	Programm beenden
F1	Hilfetext aufrufen
Tabulator	Alle Paletten ein-/ausblenden

BEFEHLE AUFZEICHNEN

Gelegentlich bearbeitet man mehrere Bilder nach demselben Verfahren: Zum Beispiel „Öffnen“, „Kontrastkorrektur“, „Scharfzeichnen“, „Speichern“, „Schließen“. Dies gilt speziell für Dateien aus einer einheitlichen Foto- oder Scanserie.
Sie müssen jedoch nicht jedesmal alle Befehle der Reihe nach aufrufen. Stattdessen speichern Sie die Bearbeitung als „Makro“ oder „Aktion“. Diese Befehlsfolge wenden Sie auf weitere Einzelbilder oder auf ganze Fotosammlungen an.
Auf Wunsch spult das Programm sämtliche gespeicherten Kommandos ohne Ihr Zutun herunter. Die Alternative: Bei einzelnen oder bei allen Befehlen hält das Programm an; Sie haben dann die Möglichkeit, die Werte im „Kontrastkorrektur“-Dialogfeld zu ändern oder einen Fleck von Hand zu retuschieren. Diese Befehlsaufzeichnung erfordert nur geringe Einarbeitung, doch sie erspart viel Handarbeit. Wenn Sie einzelne Befehle oder auch Befehlsketten auf ganze Bildserien anwenden, redet man auch von Stapelverarbeitung.

Alles im Blick: Der Bildrahmen zeigt nur einen kleinen Teil der Aufnahme; doch im Navigatorfenster lässt sich durch Verschieben des Rahmens leicht ein neuer Bildausschnitt wählen.

Viel Veränderung

Manche Programme können komplette Bildsammlungen mit einem Klick umbenennen oder in einen anderen Dateityp umwandeln. Solche Funktionen finden Sie vor allem auch bei Bilddatenbanken.

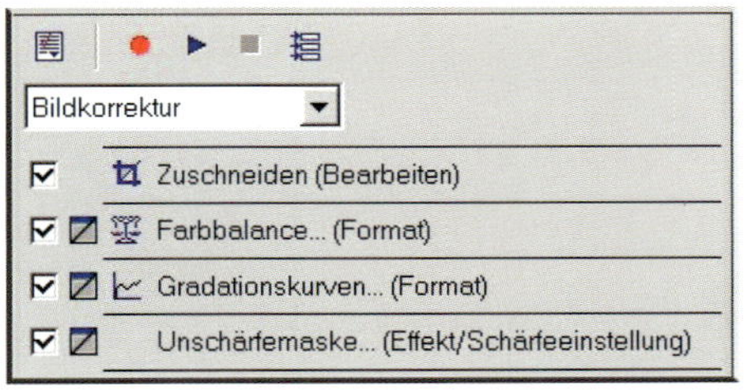

Fließbandarbeit: Dieses Makro zur Bildkorrektur fasst vier Befehle zusammen.

Bilddatenbanken

Eine gute Bilddatenbank ist der Schlüssel zu Ihrer digitalen Fotosammlung. Wie Dias auf dem Leuchtpult, so zeigen Bilddatenbanken Ihre Motive en miniature in sogenannten „Katalogen", „Galerien" oder „Alben" an. Verschiedene Korrektur-, Sortier- und Suchfunktionen stehen zur Verfügung.

Bilddatenbanken erhalten Sie als Einzelprodukt (Seite 135), manche Bildprogramme liefern jedoch bereits eine eigene Bilddatenbank ohne Aufpreis mit. Gelegentlich finden Sie typische Funktionen einer Bilddatenbank auch direkt im Bildprogramm eingebaut.

ALLES IM BLICK

Statten Sie die Bildminiaturen mit Stichwörtern und Textanmerkungen aus. Zeigen Sie die Miniaturen in verschiedenen Größen, blenden Sie wahlweise Name, Dateigröße, Datum oder Textnotizen mit ein. Bestimmen Sie die Reihenfolge – sortieren Sie den Fotoreigen zum Beispiel alphabetisch, nach Bildmaßen oder Stichwörtern. Wahlweise erscheinen in der Anzeige alle Bilder eines Verzeichnisses, alternativ stellen Sie Motive aus unterschiedlichen Verzeichnissen oder Datenträgern in einer Kollektion zusammen. Aus der Bilddatenbank heraus ziehen Sie das Motiv in beliebige Bildprogramme oder in andere Ordner, Sie können löschen, kopieren und umbenennen.

GESUCHT, GEFUNDEN

Eine große Hilfe sind die Bilddatenbanken auch bei der Suche nach verschollenen Aufnahmen. Geben Sie dem Programm etwa folgenden Auftrag: Finde alle Bilder, die mit „I" anfangen, größer als 200 Kilobyte und im Jahr 2002 entstanden sind sowie das Stichwort „Italien" enthalten. Nur einen Klick später sehen Sie alle aktuellen Italienaufnahmen in einem neuen Bildschirmkatalog.

Alles im Blick:
Bilddatenbanken zeigen Ihre Fotos wie Dias auf dem Leuchtpult.

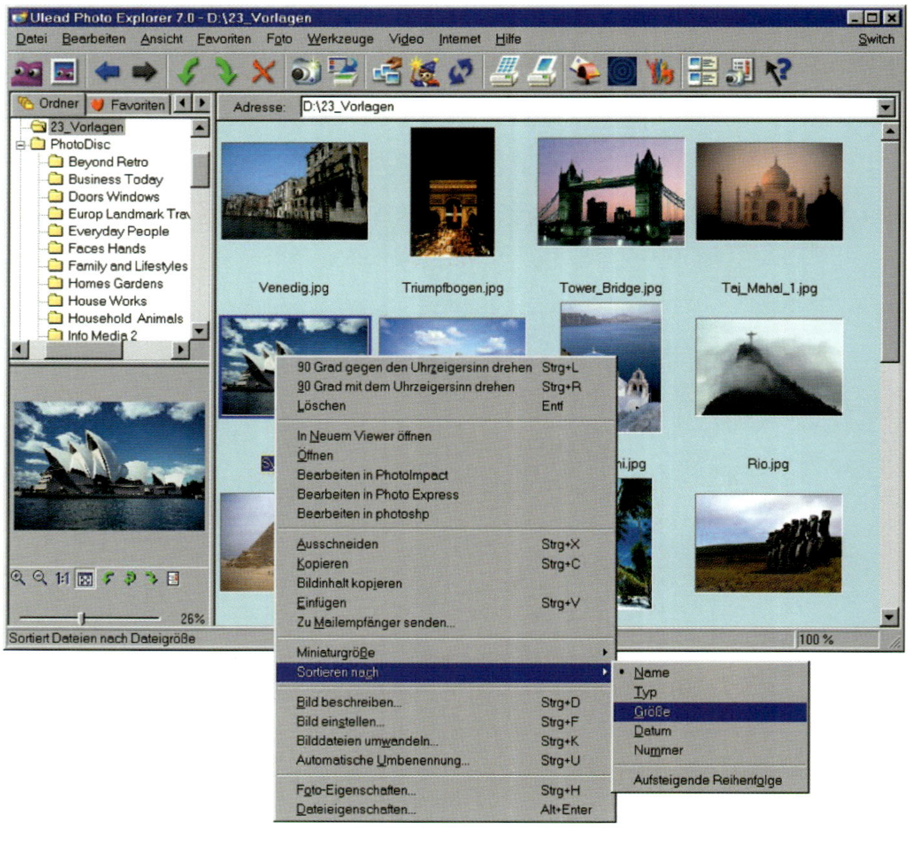

Foto-Detektiv

Einzelne Motive sammeln sich oft mehrfach auf einem Computer an: Sie wurden in verschiedene Unterverzeichnisse kopiert, umbenannt und weiterbearbeitet. Manche Bilddatenbanken suchen darum für Sie nach gleichartigen Motiven. Sie entdecken dabei auch Bilder, die sich nur vage ähneln.

BILDBEARBEITUNG

Die meisten Bilddatenbanken eignen sich nicht nur zum Sortieren und Präsentieren, sie bieten auch einige Funktionen zur Bildbearbeitung. Das Besondere: Der Anwender korrigiert viele Fotos am Stück, ohne den Befehl jedesmal neu aufzurufen. So können Sie zum Beispiel den Dateityp umwandeln (Seite 114) oder Bilder drehen. Sie ändern Helligkeit, Kontrast oder auch die Bildgröße.

Interessant ist auch das automatische Umbenennen: Dateien von Digitalkameras oder Foto-CDs haben oft nichtssagende Namen wie „img000 123.jpg“. Mit einer guten Bilddatenbank lassen sich die Motive automatisch umtaufen und durchnummerieren, zum Beispiel in „Italien 2002-001.jpg“ etc.

PRÄSENTATION

Eine Bilddatenbank hilft Ihnen bei der Präsentation großer Bildmengen. Zum Angebot gehören: Katalogausdruck, Diaschau am Monitor und Internet-Galerien. Diese Funktionen besprechen wir auf den folgenden Seiten.

Fließbandarbeit:
Ganze Bildreihen am Stück korrigieren Sie mit einer Bilddatenbank.

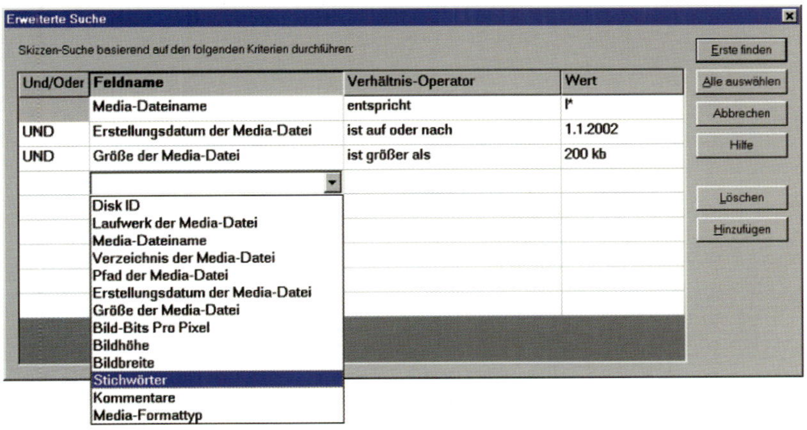

Gesucht, gefunden: Mit komplexen Suchdialogen fahnden Sie nach Bildern auf der Festplatte oder auf externen Datenträgern.

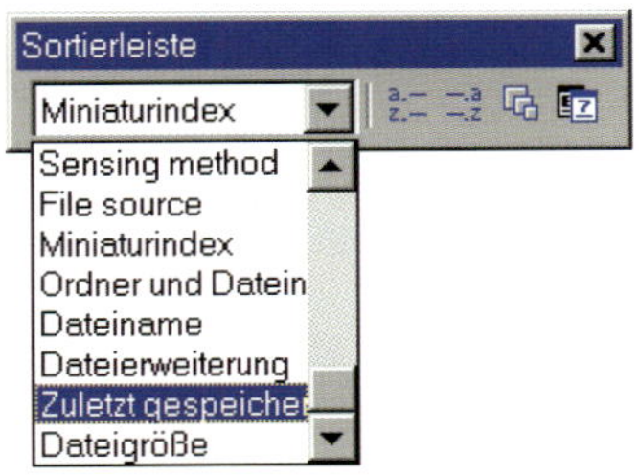

Alles in Ordnung: Sortieren Sie Ihre Motive nach Dateigröße, Name, Datum und vielen weiteren Kriterien.

Drucken

Wer Bilder in hoher Qualität ausdrucken will, verwendet meist einen Farbtintenstrahldrucker mit speziellen Farbpatronen und teurem Fotodruckpapier. Die Druckkosten liegen hier oft höher als bei einer Vergrößerung im Fotolabor. Darum stellen Sie bei der Vorbereitung am PC alles perfekt ein. Die erforderliche Druckauflösung besprechen wir auf Seite 108.

PERFEKTE FARBEN

Machen Sie vor wichtigen Projekten unbedingt Probedrucke auf dem geplanten Druckpapier und mit der geplanten Druckfarbe. Korrigieren Sie eventuell ein Duplikat der Datei so, dass es am Schirm schlecht aussieht, aber im Druck optimal erscheint – und prüfen Sie den Print bei Tageslicht und unter der Glühbirne. Einige Programme schicken das Bild auf Wunsch mit korrigierten Kontrasten zum Drucker, ohne dass Sie deswegen die Datei selbst verändern.

Verwenden Sie auch die Druckvorschau – durch Ziehen an den Anfasspunkten oder durch Eintippen von neuen Maßangaben stellen Sie Breite und Höhe ein.

LASSEN SIE DRUCKEN

Nicht immer lohnt es sich, den eigenen Drucker anzuwerfen. Lassen Sie andere für sich arbeiten. Das lohnt sich in diesen Situationen:

- Sie möchten ein- und dasselbe Bild vielfach zu Papier bringen;
- Sie benötigen Papierformate, die Ihr Drucker nicht bearbeiten kann, zum Beispiel neun mal 13 Zentimeter;
- Sie brauchen allerhöchste Qualität.

In diesen Fällen fragen Sie Copyshops, Druckereien oder Fotogeschäfte – viele Läden übernehmen ihre Bilddaten. Ein guter Dienstleister bietet Probedrucke an und berät bei Kontrastkorrekturen, bevor Sie die Hochzeitseinladung 200fach in Auftrag geben. Alternative: die Druckdienste im Internet. Sie übertragen ganze Bildreihen an den Service und erhalten die Ergebnisse Tage später per Post.

Guter Eindruck: Mehr Freude bereiten die Ausdrucke, wenn man zunächst ein paar Proben druckt.

Einige Anbieter belichten Ihre Fotodaten auch auf ein Dia oder Negativ. Anschließend lassen Sie das Motiv vielfach auf Fotopapier abziehen, oder Sie präsentieren es per Diaprojektor.

MEHRERE BILDER AUF EINEM DRUCKBOGEN

Wer teures Druckpapier optimal nutzen möchte, printet mehrere Bilder auf einen Druckbogen. Sie müssen dazu nicht erst eine Montage anlegen: Viele Programme bringen problemlos zwei oder mehrere Fotos auf ein Blatt Papier. Nach Wahl geben Sie vielfach ein identisches Motiv aus, alternativ mischen Sie verschiedene Motive auf einem Blatt.

Jumbo-Druck

Brauchen Sie einen Riesenausdruck als Wandschmuck oder als Laubsäge-Schablone? Einige Programme vergrößern Ihr Bild so weit, dass es sich auf mehrere Druckblätter verteilt. Die Prints kleben Sie zusammen.

Fotokatalog: Drucken Sie ganze Bildreihen in Katalogform.

Jeder Quadratzentimeter ist kostbar: Drucken Sie auf teures Fotopapier mehrere Bilder nebeneinander.

KATALOGAUSDRUCK

Wollen Sie eine ganze Bildsammlung als Katalog zu Papier bringen? Dies erledigen viele Bildprogramme und Bilddatenbanken für Sie. Nach Bedarf drucken Sie Dateiname, Speicherdatum, Textnotizen oder andere Informationen mit dazu. Achtung: Bevor Sie Dutzende von Seiten zum Drucken schicken, sollten Sie nicht nur die Druckvorschau genau prüfen – drucken Sie probeweise auch eine Einzelseite.

BILDER AUF TASSEN UND TELLERN

Drucken Sie Ihre Fotos auf Bügelfolie, wenn Sie das Motiv auf T-Shirts sehen wollen – aber vergessen Sie nicht den seitenverkehrten Ausdruck. Spezielle Druckware gibt es auch für Fensterfolien, Flaschenetiketten, Kerzen, Geschenkschachteln, Zifferblätter, Schlüsselanhänger, Magnetbilder, Gruß-, Kredit- und Platzkarten, mit Marmor- und Leinwandstruktur oder selbstklebender Rückseite.
Die Fotos auf selbstbedruckten T-Shirts überstehen nicht unbedingt die zehnte Feinwäsche. Haltbarer wirken Bilder, die Serviceunternehmen auf Ihr Leibchen drucken – das geht bei Copyshops, Fotoläden und bei den Bilderdiensten im Internet. Dort erhalten Sie noch mehr originelle Bildträger: Präsentieren Sie Ihre Werke auf Regenschirmen, Mausunterlagen, Bettlaken, Mützen oder als Puzzle.

3

Kontrast & Farbton

Viele Digitalbilder wirken zunächst flau und farbstichig. Mit digitalen Mitteln polieren Sie die Werke auf Hochglanz. Auf den folgenden Seiten besprechen wir die besten Korrekturmöglichkeiten.

3

Einstieg

Bildprogramme bieten reihenweise Funktionen zur Bildkorrektur – nützliche und weniger nützliche Verfahren, mit und ohne Automatik. Alle wichtigen Techniken stellen wir auf den folgenden Seiten vor. In jedem Fall sollten Sie die richtige Reihenfolge der Bearbeitungsschritte wahren.

DIE RICHTIGE REIHENFOLGE

Bei der Bildkorrektur kommt es auf die richtige Reihenfolge an. Orientieren Sie sich an diesen Schritten:

1. Drehen Sie das Bild, falls erforderlich.
2. Entfernen Sie überflüssigen Bildrand.
3. Erweitern Sie den Tonwertumfang.
4. Ändern Sie die bereits vorhandenen Verhältnisse von Lichtern und Schatten.
5. Korrigieren Sie Farbstiche.
6. Färben Sie einzelne Bildbereiche gezielt um, oder retuschieren Sie Fehlerstellen.
7. Zum Schluss verbessern Sie die Bildschärfe.

Mehr Platz

Brauchen Sie mehr Platz im Bild, zum Beispiel für weitere Montageobjekte? Der „Arbeitsfläche"-Befehl baut zusätzliche Bildpunkte in der aktuellen Hintergrundfarbe an.

Maßarbeit:
Mit Freistellwerkzeug und Drehfunktion legen Sie den Bildausschnitt fest.

Schieflage:
Das Bild wurde mit schrägem Horizont fotografiert.

BILDER DREHEN

Gelegentlich müssen Sie Bilder drehen – zum Beispiel brauchen Aufnahmen aus der Digitalkamera noch eine 90-Grad-Drehung. Haben Sie mehrere Motive mit Korrekturbedarf, überlassen Sie den Eingriff möglichst einer Bilddatenbank, die ganze Bildreihen am Stück korrigiert: Sie markieren die Fotos in der Katalogübersicht, und einen Klick später vollführen alle Bilder die gewünschte Drehung.

Immer wieder fallen Bilder durch einen schief fotografierten Horizont auf – „das Meer läuft aus", sagen Fotografen zu dem Bildbeispiel links auf Seite 28. Hier nutzen Sie eine Funktion wie „Frei drehen". Sie bestimmen also den Drehwinkel selber bis auf die zweite Stelle nach dem Komma. Entfernen Sie zunächst jede Auswahl aus dem Bild. Das erledigt meist der Befehl „Auswahl, Auswahl entfernen". Um die korrekte Ausrichtung des Horizonts genau zu prüfen, legen Sie eine Hilfslinie über das Bild (Seite 72). Oder verkleinern Sie das Bildfenster so weit, dass der Bildhorizont am Bildrahmen entlang verläuft.

Nur wenige Programme messen vorab die Horizontneigung und schwenken das Motiv exakt passend.

NACHBEARBEITUNG

Haben Sie das Gesamtbild gedreht – und nicht nur eine Ebene oder einen Auswahlbereich -, dann erhalten Sie neue, leere Ecken in der aktuellen Hintergrundfarbe. Kappen Sie diese Bereiche mit dem Freistellwerkzeug. In unserem Beispiel unten verlängern wir allerdings in einer Ecke den Himmel per Kopierpinsel (Seite 56); so füllen wir die freie Fläche aus und müssen das Hauptmotiv nicht anschneiden.

Bei einer freien Drehung entsteht eine leichte Weichzeichnung. Lassen Sie also einen Scharfzeichner folgen (Seite 46), und vermeiden Sie mehrere Drehungen für ein- und dasselbe Motiv. Nur die Drehwinkel 90, 180 und 270 Grad verursachen keinerlei Qualitätsverlust, ebensowenig wie horizontales oder vertikales Spiegeln. Wiederholen Sie diese Manöver also nach Belieben.

FREISTELLWERKZEUG

Das Freistellwerkzeug entfernt überflüssigen Bildrand. Dadurch sparen Sie nicht nur Speicherplatz. Ihr Programm führt ohne diesen Datenballast auch automatische Kontrastkorrekturen präziser durch: Es berücksichtigt überflüssige Bildbereiche gar nicht erst bei der Berechnung der Helligkeitsverteilung. Die Anwendung ist denkbar einfach:

1. Sie ziehen mit dem Freistellwerkzeug einen Rahmen um die gewünschte Zone.
2. Durch Verschieben einzelner Rahmenseiten grenzen Sie den Bereich Ihrer Wahl noch genauer ein.
3. Klicken Sie doppelt in den Rahmen. Die Außenpartien verschwinden.

Einige Programme stellen auf Wunsch bestimmte Seitenverhältnisse oder Größen direkt exakt frei. Oder sie rechnen die verbleibende Zone sofort auf bestimmte Druckmaße oder Bildpunktzahlen um.

Wendig: Bildbearbeitungsprogramme bieten beliebige Drehwinkel an.

Der Befehl „Drehen" rückt den Horizont zurecht und erzeugt neue, weiße Flächen. Mit dem Freistellwerkzeug wählen wir den gewünschten Bildteil aus.

Das weiße Rechteck rechts oben lässt sich leicht mit dem Kopierpinsel füllen.

Tonwertumfang

Bevor Sie das Bild verändern, prüfen Sie das Bild zunächst: Sie untersuchen, welche Helligkeitswerte bereits vorhanden sind, dann erweitern Sie den so genannten Tonwertumfang. Damit wird Ihr Motiv bereits brillanter und kontrastreicher.

DER TONWERTUMFANG

Eine übliche Bilddatei kann 256 Helligkeitsstufen umfassen. Der Wert 0 steht dabei für tiefstes Schwarz, mittlere Helligkeiten liegen ist bei einem Wert von 128, und reines Weiß ist bei 255. Bildbearbeiter reden von „Tonwerten" 0 bis 255.

Allerdings: Viele Digitalfotos nutzen diesen möglichen Tonwertumfang von 256 Stufen gar nicht aus. So erreichen selbst die hellsten Bildpunkte in unserem Beispiel auf Seite 31 rechts nur den Wert 220. Ganz helle Anteile von 221 bis 255 zeigt das Foto also nicht. Darum wirkt es flau und nicht brillant. Auch bei den Tieftönen überzeugt das Foto nicht: Die Tonwerte beginnen erst bei 40. Ganz dunkle Bildpunkte von 0 bis 39 kommen also gar nicht vor. Damit sieht das Foto zwangsläufig blass und kraftlos aus.

Die „Korrekturbrille"

Sie müssen die Kontraständerung nicht dauerhaft ins Bild rechnen. Einige Programme legen Tonwert-Veränderungen auch als Korrekturebene an. Sie betrachten das Foto dann quasi durch eine Korrekturbrille: Der Bildschirm zeigt die bearbeitete Bildfassung, doch Sie können die Korrektur abschalten, abschwächen oder ändern. Sie erhalten jederzeit die ursprüngliche Fassung zurück.

Helle Töne: Haut, Haare und Hintergrund führen hier zu einem Schwerpunkt heller Tonwerte, wie das Histogramm zeigt. Dennoch wird das Helligkeitsspektrum bis hinunter zum tiefen Schwarz ausgenutzt, während reinweiße Töne ganz rechts kaum vorkommen.

Ausgeglichen:
Nach der Korrektur zeigt dieses Motiv eine gleichmäßige Helligkeitsverteilung. Verschiedene Mitteltöne treten bei diesem Bild besonders häufig auf, dazu kommen kleine Spitzen im ganz dunklen und im helleren Bereich.

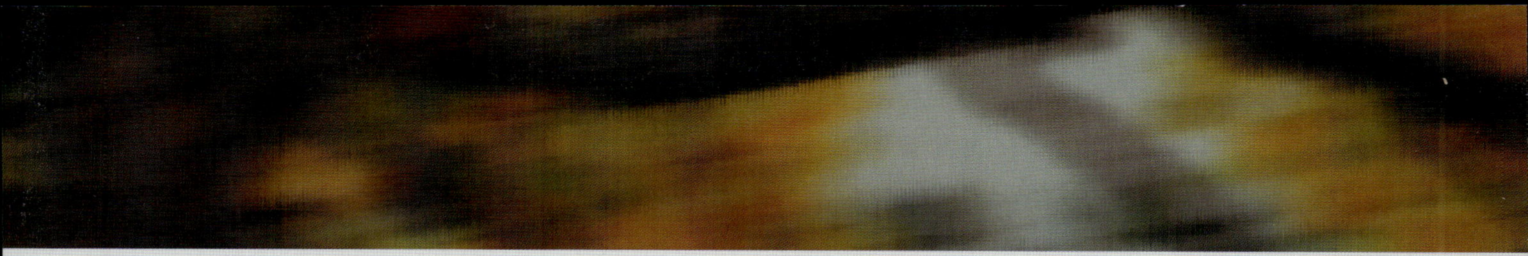

DAS HISTOGRAMM

Das Histogramm zeigt Ihnen die Anteile der Tonwerte – also der Helligkeitsstufen -, die im Bild vorhanden sind. Hohe Ausschläge bei einem bestimmten Helligkeitsbereich bedeuten: Ihr Foto enthält viele Bildpunkte aus diesem Tonwertbereich. Die Ausschläge links stehen für dunkle Tonwerte, rechts wirken sich die hellen Bildpunkte aus.

Ein Beispiel: Beim Frauen-Porträt steigt das Histogramm rechts stark an. Der Grund: Das Bild enthält besonders viele helle Bildpunkte im Bereich Haut, Haare und Hintergrund. Sie erkennen weiter, dass auch tiefes Schwarz nicht fehlt. Im Histogramm findet man am linken Rand der Skala sogar einen Anstieg; hier wirken sich die Schattenbereiche in der Kleidung aus. Allerhellstes Weiß fehlt jedoch: rechts außen geht die Kurve auf 0 zurück.

MEHR BRILLANZ

Ihr erster Schritt bei der Kontrastbearbeitung: Erweitern Sie den Tonwertumfang, wenn das Foto brillanter wirken soll. Versuchen Sie, fehlende Helligkeitswerte noch ins Bild hineinzubekommen. Sie senken also dunkle Tonwerte weiter ab, helle Tonwerte heben Sie weiter an.

In unserem Beispiel links unten geht das so: Bildpunkte der Stufe 220 hieven wir auf das Maximum von 255; andere helle Werte wie 210 oder 195 steigen dabei automatisch mit an. So erhalten Sie ein helleres Bild; es wirkt zugleich kontrastreicher, denn Sie erweitern ja den Tonwertumfang um 35 Tonwerte.

Anschließend helfen wir den Schatten nach: Um die dunklen Bildpunkte weiter abzudunkeln, drücken wir den Tonwert 40 bis auf 0. Ähnliche dunkle Helligkeitsstufen wie etwa 45 oder 60 sinken dabei ebenfalls ab. Dadurch wirkt das Bild dunkler und abermals kontrastreicher.

Nun haben Sie das Helligkeitsspektrum ausgedehnt, mit neuen, erweiterten Licht- und Schattenwerten haben Sie die Eckdaten definiert. Doch trotzdem hat Ihr Foto vielleicht immer noch eine „Schlagseite", es wirkt zu hell oder dunkel. Ein Beispiel: Unser Bild unten gerät nach Ausdehnung des Tonwertumfangs zu dunkel. In diesem Fall heben Sie nur die Mitteltöne, ohne die äußersten hellen und dunklen Werte noch einmal zu bearbeiten. Um diese Kontrastkorrektur innerhalb des vorhandenen Tonwertumfangs geht es auf der nächste Seite.

Flaue Vorlage:
Das Histogramm zeigt, dass hier sowohl sehr helle als auch sehr dunkle Tonwerte fehlen. Wir setzen zunächst alle hellen Tonwerte ab 220 auf den höchsten Wert 255 und klicken auf „OK".

Das Bild hat nun mehr „Lichter", und bei erneutem Aufruf zeigt das Histogramm die zusätzlichen hellen Tonwerte rechts im Diagramm. Nun drücken wir die tiefen Töne weiter herunter. Wir senken Schattenwerte ab 40 auf 0 ab und klicken auf „OK".

Das Histogramm zeigt, dass nun das Tonwertspektrum von Schwarz bis Weiß voll ausgenutzt wird. Da das Motiv noch zu dunkel wirkt, heben wir die Mitteltöne mit dem Gamma-Regler an. Das Ergebnis der Bearbeitung sehen Sie auf Seite 30.

Kontraste

Wenn das Bild den möglichen Tonwertumfang bereits voll ausnutzt, justieren Sie die Kontraste: Sie heben oder senken mittlere Lagen, ohne die besonders wichtigen Schwarz- und Weißwerte noch einmal zu verändern. Die Programme bieten hier eine Vielzahl von Korrekturmöglichkeiten mit unterschiedlicher Qualität.

DIE GRADATIONSKURVE

Die Gradationskurve ist das Präzisionsinstrument in der Kontrastkorrektur. Sie senken einzelne, ausgewählte Helligkeitsstufen – die übrigen Tonwerte bleiben unverändert. Sie arbeiten mit Vorher- und Nachher-Werten; man redet auch von „Eingabe" und „Ausgabe". Sie verändern die Kontraste durch Ziehen an der Kurve oder, indem Sie direkt neue Werte eintippen.
In einigen Programmen können Sie die Gradationskurve speichern. Damit übertragen Sie die Korrektur bequem auf andere Bilder aus derselben Aufnahmeserie. Teilweise lassen sich auch die Vorgaben für Tonwerterweiterung oder Farbtonänderung speichern.

DIE AUSGANGSLAGE

Ein Beispiel: Unser Bild ist zu dunkel. Das Foto enthält allerdings schon das volle Helligkeitsspektrum von tiefstem Schwarz bis zu hellem Weiß; eine Tonwerterweiterung (Seite 30) bringt also nichts mehr. Stattdessen bearbeiten wir die mittleren Helligkeitsstufen. Die Gradationskurve zeigt die Ausgangslage: Eine exakte Diagonale lässt erkennen, dass noch nichts verändert wurde.

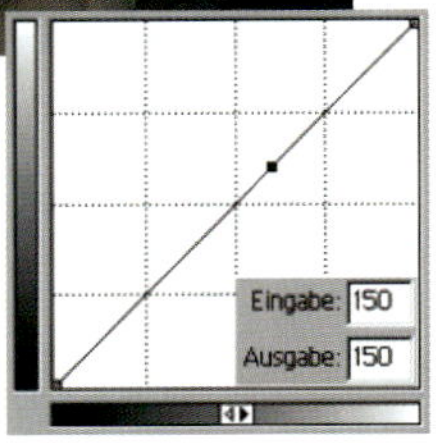

Zwischentöne:
Eine gute Kontrastkorrektur betont die Hauttöne, ohne andere Bildteile zu vernachlässigen.

Scharfe Kontraste

Beachten Sie, dass auch eine Scharfzeichnung das Bild noch belebt (Seite 46). Bevor Sie die Kontraste zu stark anheben, prüfen Sie also erst die Auswirkung des Scharfzeichners.

MITTELTÖNE ANHEBEN

Wir bearbeiten nun die mittleren Helligkeitsstufen. Wir ziehen die Gradationskurve im mittleren Bereich nach oben. Der Helligkeitswert 150 steigt dadurch auf 190, Hauttöne und andere helle Partien wirken deutlich lichter. Sie sehen schon am Kurvenverlauf, dass tiefes Schwarz und reines Weiß – die Außenbereiche der Kurve – nicht mit verschoben werden. Unser Eingriff ändert nur vorhandene Helligkeitswerte, erweitert jedoch nicht das Spektrum.

Sie erkennen an der Kurve, dass sich nicht nur der Wert 150 verändert – andere Helligkeitswerte steigen mit an. Denn, wenn Sie exklusiv nur den einzigen Tonwert 150 anheben, erhalten Sie unschöne Kontrastsprünge. Darum steigen die Tonwerte im übrigen Bild mit. Sie verändern sich allerdings nicht so stark wie die Mitteltöne, die Sie direkt bearbeiten.

SCHATTEN ABSENKEN

Da die Schatten etwas flau wirken, ziehen wir anschließend die dunkleren Tonwerte wieder auf die ursprüngliche Linie zurück: Der dunkle Tonwert 64, der zunächst auf 90 geklettert war, erscheint nun wieder mit 64 im Bild. Die Schatten sind also wieder das, was sie vor der Korrektur waren, das Bild hat seine ursprüngliche Tiefe. Doch die Lichter bleiben weiter deutlich angehoben.

„HELLIGKEIT/KONTRAST“

Der Befehl „Helligkeit-Kontrast“ erlaubt in den meisten Fälllen keine präzise Korrektur. Denn diese Funktion bearbeitet hellere und dunklere Bildpunkte gleichermaßen. Zum Beispiel hebt der Regler für die „Helligkeit“ die hellen Bildpunkte weiter an; gleichzeitig machen Sie damit jedoch auch die dunklen Bildpartien heller – und damit blasser.

Verwenden Sie in der Regel Befehle, mit denen Sie Zugriff auf einzelne Helligkeitsbereiche haben. Sie heben zum Beispiel die hohen Bereiche an, ohne Mitteltöne oder Schatten mit anzuheben.

WEITERE METHODEN

Die Gradationskurve ist das wichtigste Werkzeug, aber Bildprogramme haben noch mehr zu bieten:

- Der sogenannte „Gamma“-Regler hebt oder senkt nur die Mitteltöne, ohne Lichter und Schatten stark zu verändern. 1,0 ist der Neutralwert; Werte darüber sorgen für hellere Mitteltöne, Werte darunter senken die Mitten ab.
- Abdunkelungspinsel oder Aufhellungspinsel hellen einzelne Bildbereiche per Mausbewegung auf.

Die Vorlage zeigt zu helle Mitteltöne ...

...doch der Helligkeitsregler senkt auch die Lichter unschön ab ...

... während der Gamma-Regler die Mitten senkt und die Lichter hell belässt.

Auto-Korrektur

Die Arbeit mit Histogramm, Gradationskurve und einem Dutzend weiterer Korrekturfunktionen wirkt manchmal mühsam. Darum gibt es auch Automatikbefehle – per Mausklick sollen Sie ein optimales Bild erhalten. Das funktioniert zwar nicht immer, aber ein Versuch lohnt allemal.

AUTOMATISCHE TONWERTERWEITERUNG

Die automatische Tonwerterweiterung funktioniert nach einem einfachen Schema: Das Helligkeitsspektrum (Seite 31) wird soweit ausgedehnt, bis das Bild alle Helligkeitswerte von 0 bis 255 enthält.

Ein Beispiel: Unser Porträt aus dem Wohnzimmer ist zu dunkel. Das Histogramm zeigt deshalb rechts keinerlei Ausschläge, helle Bildpunkte kommen nicht vor. Das Programm hebt nun die hellsten vorhandenen Bildpunkte soweit an, bis sie reines Weiß anzeigen. Andere helle Tonwerte klettern gleich mit – Sie erhalten per Mausklick ein helleres und kontrastreicheres Bild. Genauso senkt das Programm bei Bedarf zu schwache Tieftöne weiter ab, bis Sie sattes Schwarz vorfinden.

DIE AUTOMATIK ÜBERTREIBT

So einfach es klingt – die automatische Kontrastkorrektur verhilft nicht immer zu einer optimalen Bilddatei. Denn die Funktion verändert das Bild oft zu stark.

Schließlich will man den Tonwertumfang gar nicht bis zum Maximum ausdehnen. Dabei entsteht oft ein extrem kontrastreiches, zu hartes Bild. Ein dunkler Abendhimmel, der überhaupt keine hellen Lichter braucht, wirkt nach einer Automatik-Korrektur eventuell wie vier Uhr nachmittags.

Das Bild wirkt dunkel und sehr rötlich.

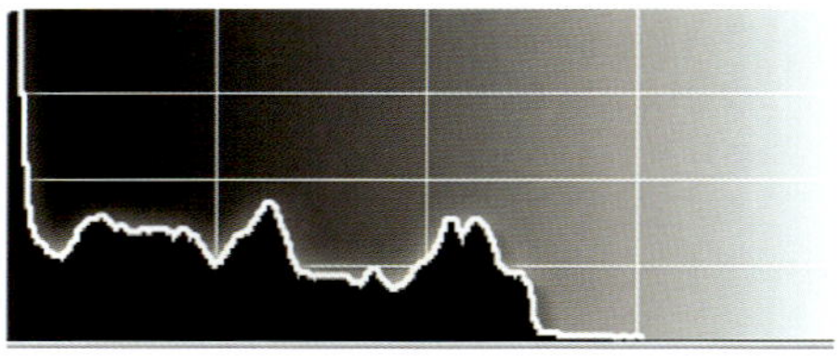

Das Histogramm zeigt die Tonwertverteilung für ein zu dunkles Foto: Helle Bildpunkte kommen überhaupt nicht vor.

Die automatische Kontrastkorrektur hellt das Foto auf und entfernt den Farbstich.

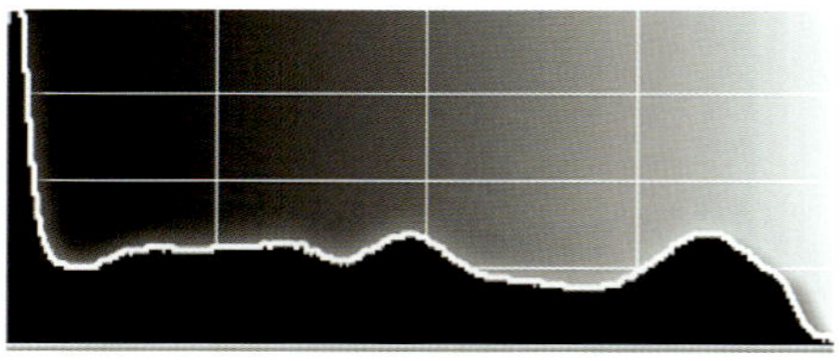

Dieses Histogramm zeigt die Wirkung der Kontrastautomatik: Der Helligkeitsumfang wird soweit gestreckt, dass Sie auch hellste Töne erhalten.

Die Kontrastautomatik mit Farbton-Schutz wirkt schwächer, doch sie wahrt die Farbstimmung.

UNGEWOLLTE FARBVERÄNDERUNGEN

Die Automatik-Verbesserung verändert oft auch die Farbstimmung. Das gilt immer dann, wenn die drei Grundfarben unterschiedlich stark vertreten sind. In unserem Wohnzimmer-Porträt hat das Glühlampenlicht für einen leichten Rotstich gesorgt, das Bild sieht damit wärmer aus.

Die Grundfarbe Blau ist folglich schwächer im Bild vertreten als die zwei anderen Grundfarben Rot und Grün. Die Automatik erweitert daher Blau besonders deutlich, bis es den Anteil von Rot und Grün erreicht. Blau bekommt damit einen stärkeren Anteil. Das Ergebnis wirkt kontrastreicher; es sieht aber auch bläulicher als die Vorlage aus, der Rotstich verschwindet.

Manchmal kommt diese automatische Änderung der Farbverhältnisse gerade recht – viele Bilder zeigen einfach einen unschönen Farbstich. Aber andererseits verzerrt die Kontrastautomatik eine angenehme Farbstimmung in die falsche Richtung. Das gilt für alle Bilder mit einer sogenannten Farbdominante, zum Beispiel unsere Innenaufnahme mit Kunstlicht-Anteil. Dieses Foto soll zwar per Automatik heller werden, aber die rötliche Grundstimmung möchten wir nicht völlig verlieren.

Einige Programme bieten darum eine Kontrastautomatik ohne Farbverschiebung. Sie wirkt allerdings nicht so stark.

Perfektes Grau

Finden Sie die Einstellung von Neutralgrau am Bildschirm mühsam, dann fotografieren Sie eine Graukarte mit. Diese kleine Tafel aus dem Fotohandel zeigt verschiedene Graustufen. Sie eignet sich als Referenz für die Automatik-Korrekturen.

Das Foto ist blaustichig und zu dunkel.

Wir wählen einen Punkt auf dem Fensterrahmen, den wir mit der Lichter-Pipette auf Weiß setzen; das Bild wird deutlich heller, hat aber einen leichten Rotstich.

Die Mittelton-Pipette verwandelt das Augen-Weiß in einen neutralen Farbton, damit verschwindet der Rotstich im Gesamtbild.

SCHWARZ- UND WEISSPUNKTE

Manche Programme liefern noch eine andere, bequeme Halbautomatik. Sie schalten zum Beispiel die sogenannte Lichter-Pipette ein; dann klicken Sie auf einen Bildpunkt, der reinweiß sein soll. Ihr Programm hebt nun alle gleich hellen Bildpunkte auf Weiß an, andere helle Tonwerte steigen mit an. Das Foto sieht nun heller und kontrastreicher aus, denn Sie haben das Helligkeitsspektrum erweitert. Im Porträt links klicken wir mit der Lichter-Pipette auf den Fensterrahmen, um diesen Tonwert als sogenanten Weißpunkt zu verwenden.

Ebenso können Sie auch einen Schwarzpunkt setzen: Klicken Sie mit der Schatten-Pipette auf einen dunklen Bildpunkt; dieser Helligkeitswert sinkt im ganzen Bild auf Schwarz ab, das Motiv wirkt dunkler und zeigt mehr Kontraste.

NEUTRALTON

Die Mittelton-Pipette sorgt für Grautöne: Klicken Sie einen Bildpunkt an, der neutralgrau aussehen soll; dabei kommt es nicht unbedingt auf die Helligkeit an. Das Programm verschiebt den Farbwert entsprechend, andere Farbtöne im Bild verwandeln sich mit. Diese Funktion hilft bei der einfachen Korrektur von Farbstichen – jedenfalls dann, wenn Ihr Foto Bildteile zeigt, die grau aussehen sollen. Im Porträt links definieren wir das Augenweiß per Mittelton-Pipette als Grau und beheben damit den zwischenzeitlichen Rotstich. Klicken Sie mit allen Pipetten probeweise ganz unterschiedliche Bildpunkte an.

Kontrast-Tricks

Diese Methoden sind wenig bekannt, aber sehr wirkungsvoll: Bessern Sie die Kontraste per Überblendverfahren auf. Das geht schnell und wirkt verblüffend gut. Mit weiteren Montage-Techniken verfeinern Sie das Ergebnis.

DER WEG

So verbessern Sie die Kontraste per Überblend-Verfahren:

1. Laden Sie die Ebenen-Palette (Seite 71).
2. Duplizieren Sie die Hintergrund-Ebene, so dass eine neue Ebene „Hintergrund Kopie“ entsteht.
3. Stellen Sie in der Ebenen-Palette für die „Kopie“-Ebene das neue Überblendverfahren ein (Seite 80), zum Beispiel „Negativ multiplizieren“.
4. Verfeinern Sie das Ergebnis bei Bedarf mit einer Ebenenmaske oder Deckkraft-Änderungen.
5. Wenn die Bildmischung stimmt, verschmelzen Sie beide Ebenen und speichern.

SO GELINGT'S

Je nach Bildqualität bieten sich unterschiedliche Überblendverfahren an: Überbelichtete – also zu helle, zu blasse – Motive gewinnen per „Multiplizieren“ mehr Tiefe und Zeichnung. Das Gesamtbild wirkt in jedem Fall deutlich dunkler. Diese Technik nutzen wir auch für die zwei Damen auf dieser Seite.

Eine allgemeine Kontraststärkung erreichen Sie mit der Vorgabe „Hartes Licht“, schwächer wirkt „Weiches Licht“. „Ineinanderkopieren“ hilft nur, wenn die Vorlage bereits deutliche Kontraste zeigt, wie bei dem Pärchen unten; es betont überdies die Farbsättigung.

Die Vorlage wurde überbelichtet und wirkt deswegen blass.

Ein Duplikat wird im Modus „Multiplizieren“ überblendet.

Wir senken die Deckkraft auf 40 Prozent.

Ein Wechsel zum Modus „Weiches Licht“ bringt stärkere Kontraste.

Der Modus „Übereinanderkopieren“ steigert Kontraste und Sättigung.

Ein Weichzeichner in der oberen Ebene glättet Unebenheiten.

Zu dunkle Mitteltöne reparieren Sie mit dem Überblendverfahren „Negativ multiplizieren"; es heißt auch „Bildschirm" oder „Raster". Ein Beispiel: Das Mädchen unten wurde in der Gegenlichtsituation deutlich unterbelichtet; der Modus „Negativ multiplizieren" hebt die Helligkeitswerte der Hauttöne deutlich an. Dieses Verfahren ist das Gegenstück zum „Multiplizieren". Sie erhalten ausschließlich hellere oder gleich helle Bildpunkte.

Doppelte Wirkung

Fällt die Kontrastveränderung noch zu schwach aus? Dann duplizieren Sie die obere Ebene ein weiteres Mal, um den Effekt zu steigern.

VERFEINERUNG

Einfaches Überblenden manipuliert die Vorlage oft zu stark. Dämpfen Sie die Wirkung, indem Sie die Deckkraft der oberen Ebene absenken.

Vielleicht wollen Sie die Änderung aber nur in einzelnen Bildbereichen reduzieren. Schwächen Sie diese Partien mit einer Ebenenmaske. Bringen Sie Schwarz in die Maske, um Zonen der oberen Ebene völlig auszuschalten; mit Grau oder mit weichen Werkzeugspitzen schwächen Sie abgestuft.

Alternative: Entfernen Sie die überflüssigen Partien der „Kopie"-Ebene ein für alle Mal mit dem Radiergummi oder mit „Auswahl"- und „Entfernen"-Taste.

Eine Ebenenmaske verwenden wir für das Mädchen-Porträt im Gegenlicht unten. Die „Kopie"-Ebene wirkt in einigen Partien zu stark – die Haare, der Hintergrund links, aber auch Teile der gelben Hose sehen überbelichtet aus. Nur in diesen Bereichen dämpfen wir die obere Bildschicht durch eine Ebenenmaske. Grautöne in der Maske sorgen dafür, dass die obere, aufhellende Ebene sich in den Haaren nur halb durchsetzen kann.

NACHBEARBEITUNG

Überdeutliche Kontraste dämpfen Sie teilweise auch durch einen starken Weichzeichner (Seite 98) in der „Kopie"-Ebene. Wir nutzen diese Soft-Technik beim großen Doppelporträt auf Seite36. Dieser Kunstgriff kaschiert auch Hautunreinheiten oder Scan-Fehler.

Die Überblendtricks verändern meist nur die Helligkeit, nicht aber die Farbstimmung. Schließen Sie also Farbkorrekturen an. Vorab sollten Sie meist die beiden Ebenen verschmelzen.

Das Hauptmotiv wurde unterbelichtet.

Ein Duplikat im Modus „Negativ multiplizieren" hellt stark auf.

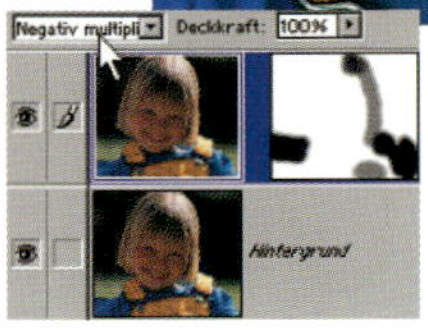

Eine Ebenenmaske dämpft zu helle Partien.

Farbstimmung

Viele Bilder zeigen Farbstiche. Für diese Fehler sind zum Teil schlechte Scanner oder Digitalkameras verantwortlich, aber sie entstehen auch in schwierigen Lichtsituationen: Glühlampen bringen einen Gelb-Rot-Stich, Neonröhren legen einen Grünschleier über das Bild, während harte Mittagssonne oft einen unangenehmen Blaueindruck nicht nur in Schattenbereichen erzeugt. Mit Ihrem Bildprogramm sorgen Sie bequem für bessere Farben.

ÜBERSICHT

Bei der Farbkorrektur eines Bildes verändern Sie die Anteile der einzelnen Grundfarben am Gesamtbild. Wollen Sie den Farbstich genau analysieren, dann begutachten Sie die Histogramme für die einzelnen Grundfarben.

Die Programme bieten ganz unterschiedliche Korrekturverfahren. Klicken Sie zum Beispiel mit der Mittelton-Pipette einen Bildbereich an, der neutral erscheinen soll – schon verschiebt sich das Farbspektrum so, dass der gewünschte Tonwert grau erscheint (Seite 34). Auch die Kontrastautomatik verändert häufig die Farbstimmung, wenn auch nicht immer zur Freude des Gestalters. Per Vielfach-Übersicht sehen Sie mehrere korrigierte Varianten und klicken die gewünschte Farbmischung an.

Präziser steuern Sie die Ergebnisse jedoch, wenn Sie gezielt einzelne Grundfarben angehen. Dazu bietet sich der Befehl „Farbbalance" an. Die Alternative: Wenden Sie Funktionen wie „Tonwerterweiterung" oder „Gradationskurven" nur auf einzelne Grundfarben an.

„FARBBALANCE"

Übersichtlich korrigiert der Befehl „Farbbalance" die Farbstimmung. Sie schwächen hier einzelne Grundfarben; dadurch stärken Sie automatisch den Farbton, der auf dem Farbkreis gegenüber liegt (Seite 40). Ein Beispiel: Im rot-gelb-stichigen Bild links verschieben wir den Schwerpunkt von Rot zum gegenüberliegenden Cyan (Grünblau); so entfernen wir den Rot-Überhang, wenn auch auf Kosten eines leichten Grün-Schwerpunkts. Bewegen Sie den Schieberegler in Richtung Blau, sinkt automatisch der Gelb-Anteil.

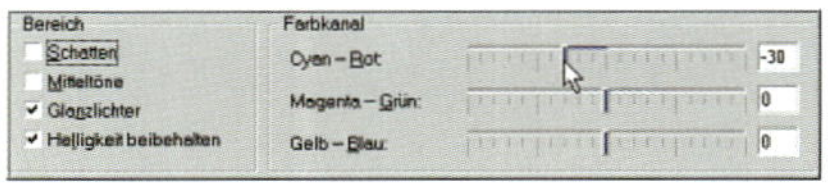

Gelb oder Blau:
Per „Farbbalance" steuern Sie die Farbstimmung nach Geschmack.

Die Aufnahme hat einen Gelb-Rot-Stich.

Eine Verschiebung der Lichter von Rot zu Cyan entfernt den Rot-Überhang.

Der Gelb-Blau-Regler erzeugt eine kältere Farbstimmung.

Meist bietet das Dialogfeld zwei Besonderheiten:

- Sie können die Korrektur auf „Schatten", „Mitteltöne" oder „Lichter" beschränken. Damit korrigieren Sie gezielt einen Blaustich in den Schatten oder eine unerwünschte Rot-Gelb-Tönung in den hellsten Bereichen.
- Wählen Sie die Vorgabe „Helligkeit beibehalten", damit Ihr Eingriff nicht den Helligkeitseindruck des Gesamtbildes verändert.

VARIATIO DELECTAT

Manche Programme zeigen ein Tableau mit verschiedenen Korrekturbeispielen wie „Mehr Grün", „Mehr Blau", „Mehr Sättigung" oder „Heller". Sie klicken nur noch das gewünschte Ergebnis an. Bei Bedarf bearbeiten Sie das Foto dann weiter.
Dabei können Sie einstellen, wie stark die einzelnen Variationen in der Vorschau von der Vorlage abweichen. Dieses Verfahren ist ebenso bequem wie ungenau.

EINZELNE GRUNDFARBEN

Wenn Sie es genau nehmen, dann knöpfen Sie sich einzelne Grundfarben direkt vor. Unsere Straßenszene unten zeigt schwache Blautöne und damit einen Gelbstich. Das Bild lässt sich sicherlich mit der „Farbbalance" bearbeiten, doch genauere Kontrolle bieten die Gradationskurven (Seite 32): Hier wählen wir die Grundfarbe „Blau" und heben gezielt mittlere und helle Tonwerte des „Blau"-Kanals an. So erhält der Himmel eine vernünftige Farbe, ohne dass die Personen zugleich blau anlaufen.

Doppelte Prüfung

Nicht immer wirken die Farbtöne am Monitor so wie auf Papier. Prüfen Sie die Korrektur unbedingt im Druck – mit den geplanten Druckfarben und Papieren. Vergleichen Sie auch die Bildwirkung bei Tageslicht und bei künstlicher Beleuchtung.

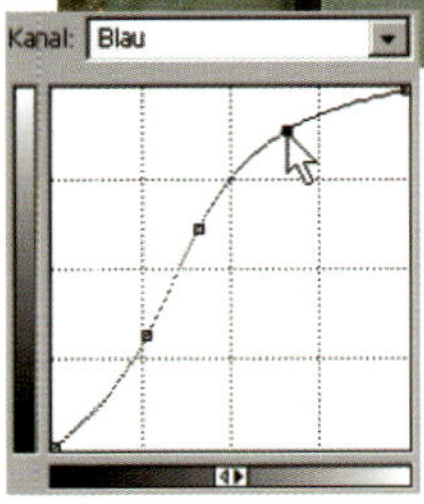

Das Bild hat schwache Blautöne. In der Gradationskurve heben wir darum die Mitten und Lichter der Grundfarbe Blau an.

3

Umfärben

Braucht Ihr Cabrio eine neue Lackierung, oder möchten Sie den Fassadenschmuck Ihrer Immobilie anders streichen? Dann färben Sie die Motive am Bildschirm um – so unauffällig, dass es keiner merkt.

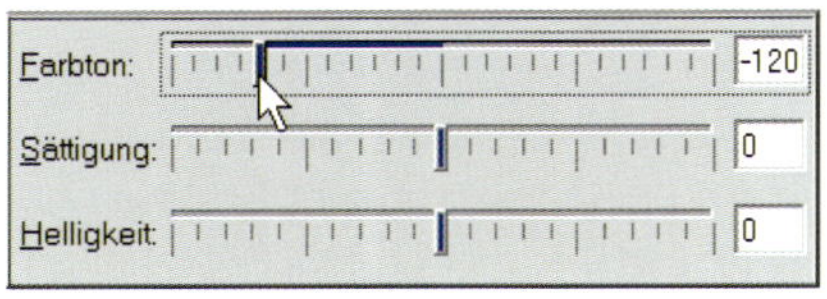

**Regelung:
Mit dem „Farbton"-Regler verschieben Sie den Farbwert.**

**Neuer Lack:
Das blaue Chassis wird mit dem Zauberstab ausgewählt. Der „Farbton"-Regler färbt das Fahrzeug um.**

NEUE FARBEN – ABER WIE?

Ihr Bildprogramm färbt beliebige Motivbereiche unauffällig um. Testen Sie neue Töne für Autos, Häuser, Kleidung, Augen, Nagellack oder beliebige andere Motive. Experimentieren Sie mit Farbänderungen an Hintergrundmustern, Farbverläufen, Tapeten oder in verfremdeten Experimental-Fotos.

Beim Umfärben helfen Ihnen Farbeimer oder der „Füllen"-Befehl nicht weiter. Denn diese Techniken überziehen die ausgewählte Bildfläche mit nur einem einzigen neuen Farbton. Doch in den meisten Fällen enthält der Bereich ein ganzes Spektrum von Farben – auch wenn Sie es nicht sofort erkennen. Selbst das scheinbar gleichmäßig blaue Auto-Blech unten zeigt bei genauer Betrachtung eine Bandbreite verschiedener Farbnuancen. Noch vielseitiger ist der Fassadenschmuck (Seite 41). Diese Bildteile können Sie mit einer Einzelfarbe nicht unauffällig umgestalten. Alle vorhandenen Farben müssen sich gleichmäßig wandeln.

DAS VERFAHREN

Für sauberen Farbwechsel eignet sich nur der „Farbton"-Regler. Das Prozedere in der Übersicht:

1. Sie wählen den gewünschten Bereich mit dem Zauberstab sauber aus (Seite 60).
2. Sie starten den Befehl „Farbton-Sättigung".

3. Sie verschieben die Farbwerte mit dem „Farbton"-Regler.
4. Sie passen das Ergebnis mit den Reglern für „Sättigung" und „Helligkeit" behutsam an und klicken auf „OK".
5. Sie verbessern den Bereich eventuell weiter mit Gradationskurve, Kanalmixer oder Tonwerterweiterung.

DER BEFEHL „FARBTON-SÄTTIGUNG"

Ihr Schlüssel zur Farbveränderung ist der „Farbton"-Regler aus dem Dialogfeld „Farbton-Sättigung". Diese Funktion verschiebt alle Farbwerte gleichzeitig in dieselbe Richtung. Der „Farbton"-Regler orientiert sich am Farbkreis. Sie geben die gewünschte Abweichung von der ursprünglichen Farbe in Grad-Einheiten an.

Außerdem finden Sie Korrekturmöglichkeiten für die „Sättigung" und für die „Helligkeit". „Sättigung" meint die Reinheit oder Intensität der Farbe. Vorsicht jedoch: Der Bildschirm zeigt sehr klare Farben. Die bekommt kein Drucker jemals so hin. Stark gesättigte Töne wirken darum am Monitor überzeugend, auf Papier sehen sie dagegen matschig aus.

DER FARBKREIS

Der Befehl „Farbton-Sättigung" verwendet das HSB- oder HSV-Farbmodell. Es trennt einen Tonwert in die Grundeigenschaften Farbton, Sättigung und Helligkeit auf.

Am wichtigsten ist der „Farbton"-Regler: Man denkt sich einen Farbkreis, der in 360 Grad-Schritten alle Farbtöne anbietet. Oben, in der Null-Grad-Stellung, liegt Rot. Gehen Sie 120 Grad rechts herum, landen Sie bei Blau; eine Verschiebung von Rot um 120 Grad nach links führt in den grünen Bereich. Genau gegenüber von Rot, 180 Grad weit entfernt, liegt Cyan (Türkis oder Grünblau).

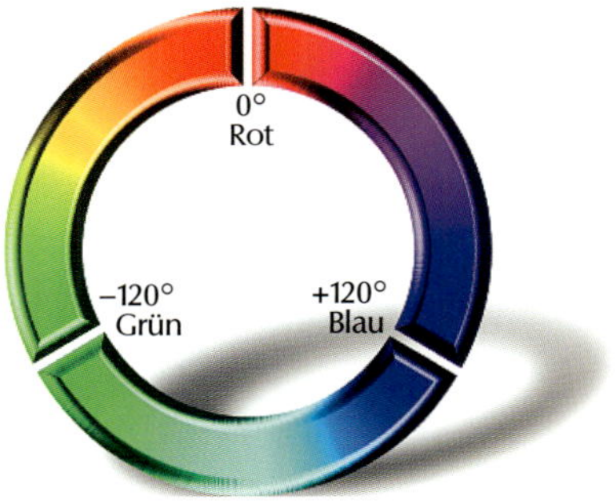

Großes Spektrum: 360 Farbwerte zeigt der Farbkreis.

FARBVERSCHIEBUNG

Betrachten Sie den Farbkreis. Wie stellen Sie Ihr blaues Cabriolet rot dar? Ganz einfach: Rot liegt auf dem Farbkreis eine Drittelumdrehung links von Blau. Der „Farbton"-Regler muss die Farbwerte also um etwa 120 Grad nach links bewegen: Wir verwenden die Vorgabe −120.

Gelb liegt auf dem Farbkreis genau gegenüber von Blau. Eine gelbe Lackierung verlangt darum die Vorgabe +180 oder −180, das führt zu demselben Ergebnis.

Ganz einfach zeigen Sie Varianten eines Motivs oder eines Montage-Objekts in gleichmäßig abgestuften Farben. Färben Sie den Bildteil mehrfach um, und verschieben Sie mit dem „Farbton"-Regler jedesmal um denselben Betrag. Für die Variationen der Fensterpartie haben wir den Farbton jeweils in 90-Grad-Schritten bewegt.

Grobe Wirkung

Die Regler „Sättigung" und „Helligkeit" aus dem Dialogfeld „Farbton-Sättigung" wirken oft grob und können Ihr Bild schnell entstellen. Präziser korrigieren Sie Ihr Motiv mit Gradationskurve oder Tonwerterweiterung.

Variabel: Fehlen natürliche Farben, können Sie das ganze Bild ohne Auswahl umfärben.

Starke Wirkung

Komplizierte Präzisionsbefehle wie Gradationskurve oder Tonwerterweiterung eignen sich nicht nur für Tüfteleien an Vierteltönen und Spitzlichtern. Durch beherztes Verschieben der Regler erhalten Sie auch extrakraftvolle oder völlig verfälschte Farben. Sie haben präzisere Steuermöglichkeiten als bei üblichen Effekt-Befehlen (Seite 88), und das Ergebnis wirkt manchmal besser als ein normal abgestuftes Halbton-Foto.

STARKE KONTRASTE

Schon eine starke Kontrastanhebung gibt Ihrem Bild einen völlig neuen Charakter. Am schnellsten erledigt diese Aufgabe der „Kontrast"-Regler. Alternativ erweitern Sie den Tonwertumfang so stark, dass Sie einen Großteil aller Helligkeitswerte auf Schwarz oder Weiß verschieben (Seite 30). Oder setzen Sie mittlere Töne mit den Automatik-Pipetten auf Schwarz oder Weiß (Seite 34) – der Kontrast schnellt in die Höhe.
Besonders genau steuern Sie den Effekt mit der Gradationskurve (Seite 32). Dies zeigt unser Schnappschuss vom Jahrmarkt: Den größeren, helleren Teil

Starke Kontraste:
Eine drastische Anhebung der Gradationskurve sorgt für kräftige Farben.

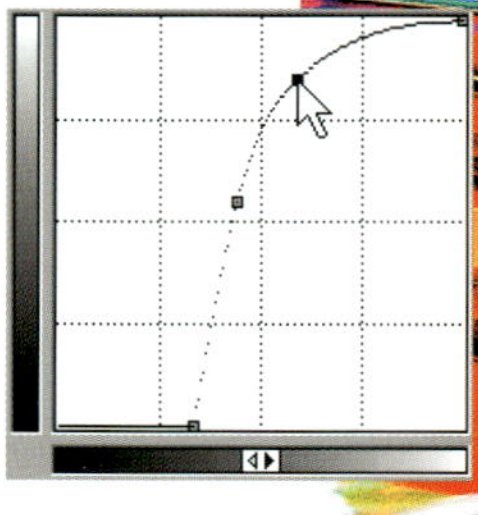

des Helligkeitsspektrums heben wir mit der Kurve stark an; das bringt leuchtende, kraftvolle Farben. Dabei soll die Kurve gleichmäßig gerundet bleiben – so entstehen fein abgestufte Tonwert-Übergänge. Den unteren Teil der Kurve ziehen wir dagegen komplett auf den Null-Wert für Schwarz. Das Bild erhält so zusätzliche Tiefe und noch mehr Kontrast.

Viele Variationen

Verfeinern Sie das Ergebnis Ihrer Farbexperimente: Wenden Sie Kontrastfunktionen und den „Farbton"-Regler an, oder blenden Sie das Ergebnis mit verschiedenen Mischverfahren (Seite 80) über die Vorlage.

FARBSTICH

Manchmal wirkt ein gezielter Farbstich reizvoll, auch in Verbindung mit einer Kontrastanhebung. Im Doppelporträt setzen wir die helleren Hauttöne im Gesicht mit der Lichter-Pipette auf Weiß. Die Folge: Ein attraktiver Blaustich in Verbindung mit einer deutlichen Kontraststeigerung. Die starken Kontraste betonen die vorhandene Körnigkeit der Bilddatei.

FALSCHFARBEN

Völlig aus den Fugen gerät das Farbenspiel Ihrer Datei, wenn Sie die Gradationskurve in Schlangenlinien durchs Koordinatenfeld führen. Hier und dort sollte die Gradationskurve am oberen und unteren Ende des Koordinatenfeldes anstoßen: So erhalten Sie satte Schwärzen und reines Weiß und damit ein brillantes Bild.

Spitze Ecken in der Gradationslinie führen zu körnigen, harten Farbflächen. Eine rundlichere Berg-und-Tal-Kurve erzeugt dagegen einen weicheren Bildeindruck. Bei den Sonnenblumen haben wir nicht nur das Gesamtbild, sondern separat auch einzelne Grundfarben bearbeitet.

Zeichnen Sie die Vorlage vorher weich. Sie erhalten dann Farbringe an kontrastierenden Stellen und ein besonders vielseitiges Schillern, gut zu erkennen rechts im Blumenbild.

Blau machen: Farbstich und Kontraststeigerung führen zu einer grafischen Bildwirkung.

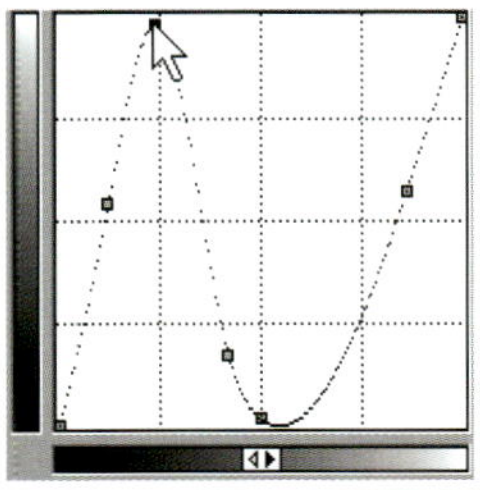

Farbe fatal: Eine Gradationskurve in Schlangenlinien verzerrt die Farben.

Plakative Grafik

In den Untermenüs zur Kontrastkorrektur finden Sie auch Befehle, die Ihre Fotos in plakative Grafiken verwandeln. Sie erhalten Schwarzweißskizzen oder farbenfrohe Farbflächen. Oft wirken die Ergebnisse zu grell, doch mit etwas Verfeinerung entstehen ansprechende Bilder.

PERFEKTE SCHWARZWEISSGRAFIK

Der „Schwellenwert"-Befehl wirkt radikal: Er lässt nur noch Schwarz und Weiß zurück. Alle Zwischentöne und Farben verschwinden.
Die Ergebnisse eignen sich nicht nur für grafische Ideen. Vervielfältigen Sie manchmal Bilder auf einfachen Schwarzweißdruckern oder per Fotokopie? Dann erzeugen Sie doch eine maßgeschneiderte Schwarzweißdarstellung Ihres Motivs, die jedes Gerät unverfälscht wiedergibt. Wenn Sie dagegen ein Farbfoto auf einem schlichten Ausgabegerät drucken, erhalten Sie oft unbrauchbar verfälschte Abbildungen, und Sie können das Druckergebnis kaum steuern.

SO WIRKT DER „SCHWELLENWERT"

Sie legen den sogenannten Schwellenwert selbst fest. Zwei Beispiele:

- Die niedrige Schwellenwert-Vorgabe 64 setzt alle dunklen Bildpunkte zwischen 0 und 64 auf Schwarz. Der große Rest mittlerer und heller Pixel rutscht dagegen auf Weiß – alle Bildpunkte mit Helligkeitswerten zwischen 65 und 255. Insgesamt entsteht so ein eher helles Bild.
- Der hohe Schwellenwert 192 erzeugt dagegen eine dunklere Grafik, denn er senkt alle dunklen und mittleren Tonwerte von 0 bis 192 auf Schwarz ab. Nur die ganz hellen Pixel von 193 bis 255 steigen auf Weiß an.

Motive mit klaren Konturen eignen sich am besten für eine Schwarzweißgrafik.

Der „Schwellenwert"-Befehl mit dem Wert 64 erzeugt eine sehr helle Strichgrafik.

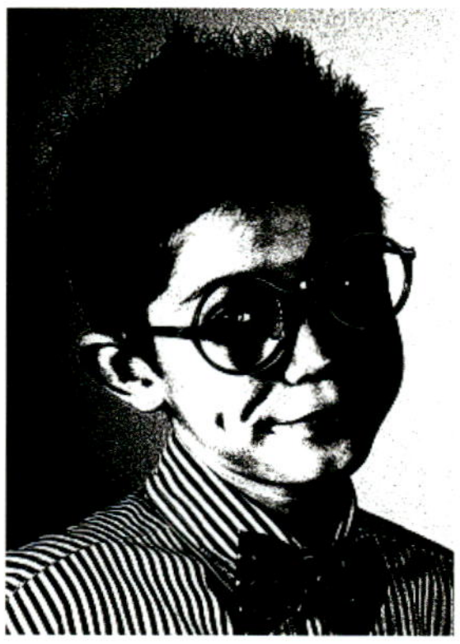

Eine dunkleres Ergebnis bringt der hohe Schwellenwert 192.

Der Befehl „Helligkeit-Kontrast" erlaubt auch Zwischentöne.

Zusätzliche Befehle arbeiten die Bildkonturen heraus.

Der Helligkeitsregler erzeugt eine Grauweißgrafik.

Mit der „Färben"-Funktion entsteht ein buntes Bild.

WIE SIE FEINERE GRAFIKEN ERHALTEN

Der „Schwellenwert“-Befehl wirkt oft zu grob: Sie erhalten allzu harte, zackige Kanten, das reine Schwarz und Weiß wirkt zu plakativ. Außerdem entstehen generell breite Schwarz-Flächen, aber keine Konturen. Mit verschiedenen Verfahren verfeinern Sie die Wirkung.

Sofern Sie ein Farbbild bearbeiten, wechseln Sie erst in den Graustufen-Modus oder wenden den Kanalmixer mit der „Monochrom“-Vorgabe an. Dann verwenden Sie den Befehl „Helligkeit-Kontrast“. Steigern Sie den Kontrast auf etwa 90 Prozent, experimentieren Sie mit dem Helligkeitsregler, dann justieren Sie den Kontrast neu. Bei diesem Verfahren bleiben ein paar graue Zwischentöne erhalten, das Bild wirkt sanfter.

Möchten Sie statt der breiten Schwarzflächen schwarz eingerahmte Konturen auf weißem Grund sehen? Dazu nutzen Sie den Hochpassfilter, den allerdings nicht alle Programme anbieten. Wenden Sie zusätzlich einen Weichzeichner an, danach erst rufen Sie den „Schwellenwert“-Befehl auf. Sie erkennen die unterschiedlichen Ergebnisse an Krawatte und Haarschopf des Jungen links.

SO ARBEITET DIE „TONTRENNUNG“

In den Untermenüs zur Kontrastkorrektur finden Sie auch den Befehl „Tontrennung“. Dabei entstehen plakative Grafiken mit breiten, kontrastreichen Flächen. Sie erinnern an Isohelien aus der Dunkelkammer oder an Plakate aus den Siebzigern. Darum redet man auch vom „Poster-Effekt“.

Der Befehl „Tontrennung“ reduziert jede Grundfarbe Ihrer Bilddatei auf nur noch wenige Intensitätswerte. Ein Beispiel: Die Vorgabe „5“ erlaubt für die drei Grundfarben Rot, Grün und Blau jeweils nur fünf Intensitäten. Das Ergebnis enthält also höchstens 15 unterschiedliche Farbtöne.

Sanfte Formen

Möchten Sie flüssige Umrisse und weniger Körnung im Bild sehen? Dann soften Sie die Vorlage mit dem „Gaußschen Weichzeichner“ ab (Seite 98). Dieser Tipp gilt für „Schwellenwert“ und „Tontrennung“.

NOCH BESSERE ERGEBNISSE

Sie steuern die Wirkung der „Tontrennung“ durch gezielte Vorbereitung:

- Für brillante Ergebnisse mit einem breiten Farbenspektrum erweitern Sie zunächst den Tonwertumfang (Seite 30), damit Ihr Motiv alle Helligkeitswerte von 0 bis 255 enthält.
- Auch Tontrennungen in reinen Grauabstufungen wirken reizvoll. Wechseln Sie vorab zum Graustufenmodus.

Der Weichzeichner glättet die Konturen.

Verwenden Sie für die „Tontrennung“ plakative Bildvorlagen.

Eine „Tontrennung“ mit dem Wert „5“ reduziert das Bild auf 15 Farbtöne.

Dieses Ergebnis enthält nur noch sechs unterschiedliche Farbtöne.

Mit Weichzeichner, „Tontrennung“ und „Färben“-Funktion entsteht eine abgestufte Grafik.

Bildschärfe

Fast jedes Bild verträgt noch eine Scharfzeichnung. Wollen Sie die Bildschärfe genau auf den Punkt bringen, verwenden Sie die professionelle „Unscharfmaskierung“.

WANN SCHARFZEICHNEN?

Fast alle Bilddateien brauchen eine Scharfzeichnung. Besonders Aufnahmen aus Heimscannern oder von einer Photo-CD sollten Sie nachschärfen. Aber mitunter verlangt auch ein bereits brillantes Motiv erneute Scharfzeichnung – zum Beispiel, nachdem Sie die Bildpunktzahl mit dem Befehl „Bildgröße“ herauf- oder heruntergerechnet haben (Seite 108). Auch Drehungen oder Verzerrungen führen zu einer leichten Weichzeichnung, die Sie per Schärfen wieder ausgleichen. Korrigieren Sie zunächst Kontraste und Farben. Erst ganz zum Schluss wenden Sie den Scharfzeichner an.

SO FUNKTIONIERT SCHARFZEICHNEN

Wie entsteht der Eindruck von Bildschärfe? Ganz einfach: durch Linien mit harten Kontrasten. Die Scharfzeichner-Funktion hilft diesem Eindruck noch nach: Wo das Bild ohnehin schon hart kontrastierende Konturen zeigt, steigert sie den Kontrast weiter; in weichen, diffusen Motivbereichen soll sich dagegen nichts ändern. Anschließend sieht das Bild nicht nur schärfer aus, sondern auch brillanter und kontrastreicher.
Die Programme bieten in speziellen Untermenüs ganze Reihen von Scharfzeichner-Befehlen, zum Beispiel „Scharfzeichnen“, „Stark scharfzeichnen“ und „Unscharfmaskierung“. Die einfacheren Funktionen verzichten ganz auf ein Dialogfeld. Ein Klick – schon wird das Bild schärfer. Starten Sie mit einem schwachen Scharfzeichner, und wiederholen Sie die Funktion bei Bedarf.

DIE UNSCHARF-MASKIERUNG

Bei wichtigen Projekten sollten Sie immer die sogenannte Unscharfmaskierung verwenden – ein besonders vielseitiges und intelligentes Verfahren der Scharfzeichnung. Dieser Befehl kontrolliert die unschönen Effekte, die bei üblichen Scharfzeichnern leicht auftauchen:

- Die Kontrastanhebung betont auch Bildstörungen wie Scannermängel, Filmkorn, Hautunreinheiten oder die blockartigen Störungen bei zu starker Datenverdichtung mit dem JPEG-Dateityp.
- Starkes Scharfzeichnen erzeugt lästige Lichtsäume um kontrastierende Zonen herum.

Hervorhebung der Konturen ohne zusätzliche Lichtsäume.

Spitzlichter, zum Beispiel in den Haaren, werden betont

Die Körnung in diffusen Flächen kann hervortreten.

Hilfreich mit Risiken: Wer den Scharfzeichner anwendet, sollte die Gefahren kennen.

„STÄRKE“ UND „SCHWELLENWERT“

Den „Stärke“-Regler der Unscharfmaskierung sollten Sie meist auf 80 bis 200 Prozent stellen. Bei hoher Stärke kristallisiert sich jedoch schnell die Bildkörnung heraus: Unreinheiten, Flusen und andere Scanfehler treten überdeutlich hervor – kleine Bildmängel, die vor der Scharfzeichnung überhaupt nicht ins Gewicht fielen.

Die Körnung nimmt jedoch ab, wenn Sie den „Schwellenwert“ heraufsetzen. Der „Schwellenwert“-Regler bestimmt die Ansprechempfindlichkeit, das heißt, bei welcher Kontraststärke das Bildprogramm tatsächlich eine Scharfzeichnung anwendet.

Ein niedriger „Schwellenwert“ wie 0 oder 2 bedeutet: Schon kleine Kontrastunterschiede lösen die Scharfstellung – also die Kontrastanhebung – aus. Steigern Sie den „Schwellenwert“ auf 4 oder 8, fallen kleine Unreinheiten durchs Raster, sie werden nicht mehr geschärft. Der Scharfzeichner erfasst nur noch harte Gegensätze und Spitzlichter. So fahren Sie die Körnung zurück, ohne die Intensität des Schärfens zu verringern.

Der Scharfzeichner könnte diese Konturen noch herausarbeiten.

Doch der Befehl erzeugt auch neue Lichtsäume.

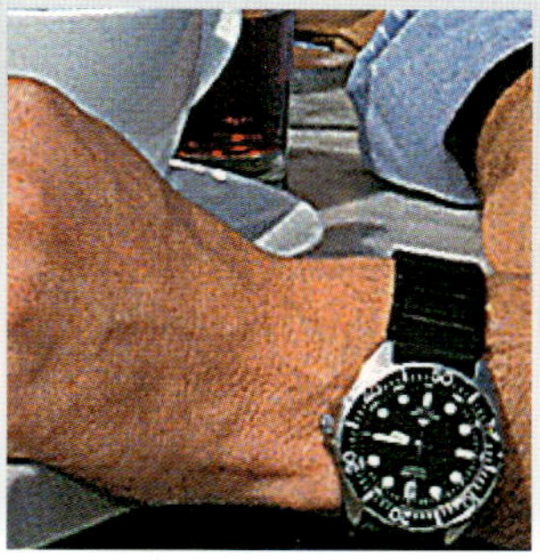

Ein gesenkter Radius-Wert begrenzt den unerwünschten Effekt.

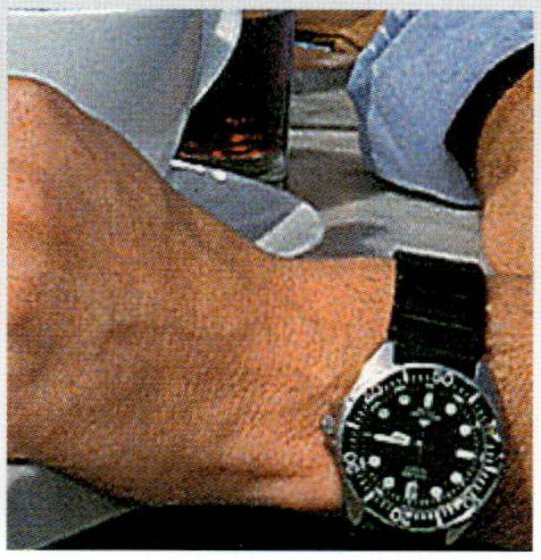

DIE „RADIUS“-VORGABE

Auch die geschärften Kontrastlinien zeigen manchmal Fehler, nämlich unerwünschte neue Lichtsäume. Diese Blitzkanten verkleinern Sie mit reduziertem „Radius“-Wert.

Per „Radius“ regeln Sie, in welchem Umkreis um die Kontur herum Bildpunkte scharfgestellt werden. Je höher der Radius, desto mehr Bildpunkte links und rechts der Kontur erfasst das Programm – und desto eher erhalten Sie Lichtsäume. Zumeist arbeitet man mit einem Radius von etwa 2 Pixeln. Verringern Sie den den „Radius“, um die Lichtsäume zu verkleinern, ohne die Stärke zurückzunehmen.

DIE TRICKS DER PROFIS

Zu den Tricks der Profis gehört das Schärfen einzelner Grundfarben: Oft zeigt nur eine einzelne Grundfarbe erhöhte Körnung, zum Beispiel nur die Grundfarbe Blau. Diese Grundfarbe zeichnen Sie also schwächer oder gar nicht scharf.

Manche Programme bieten umgekehrt auch spezielle Befehle, um Kontraste in weniger kontrastreichen Zonen zu tilgen. Damit verwischen Sie Scanfehler und Bildrauschen, ohne die übrige Bildschärfe zu beeinflussen.

Beachten Sie auch: Die Wirkung der Scharfzeichnung im Druck hängt von der Druckauflösung ab. Drucken Sie 300 Bildpunkte pro Zoll (300 dpi), dann wirkt die Stärke 130 nicht so deutlich wie bei einer Druckauflösung von nur 200 Punkten pro Zoll. Testen Sie vor wichtigen Projekten verschiedene Scharfzeichner-Vorgaben mit dem geplanten Druckpapier.

Die Vorlage wirkt unscharf.

Starke Scharfzeichnung betont die Konturen – aber auch die Körnung.

Ein erhöhter Schwellenwert senkt das Bildrauschen, die Schärfung bleibt dennoch erkennbar.

Korrekte Ansicht

Betrachten Sie das Bild beim Scharfzeichnen immer in der Zoomstufe 100 Prozent; sie heißt auch 1:1 (Seite 20). Alle anderen Abbildungsmaßstäbe verzerren die Darstellung. Stellen Sie auch das Vorschaufenster im Dialogfeld auf 100 Prozent.

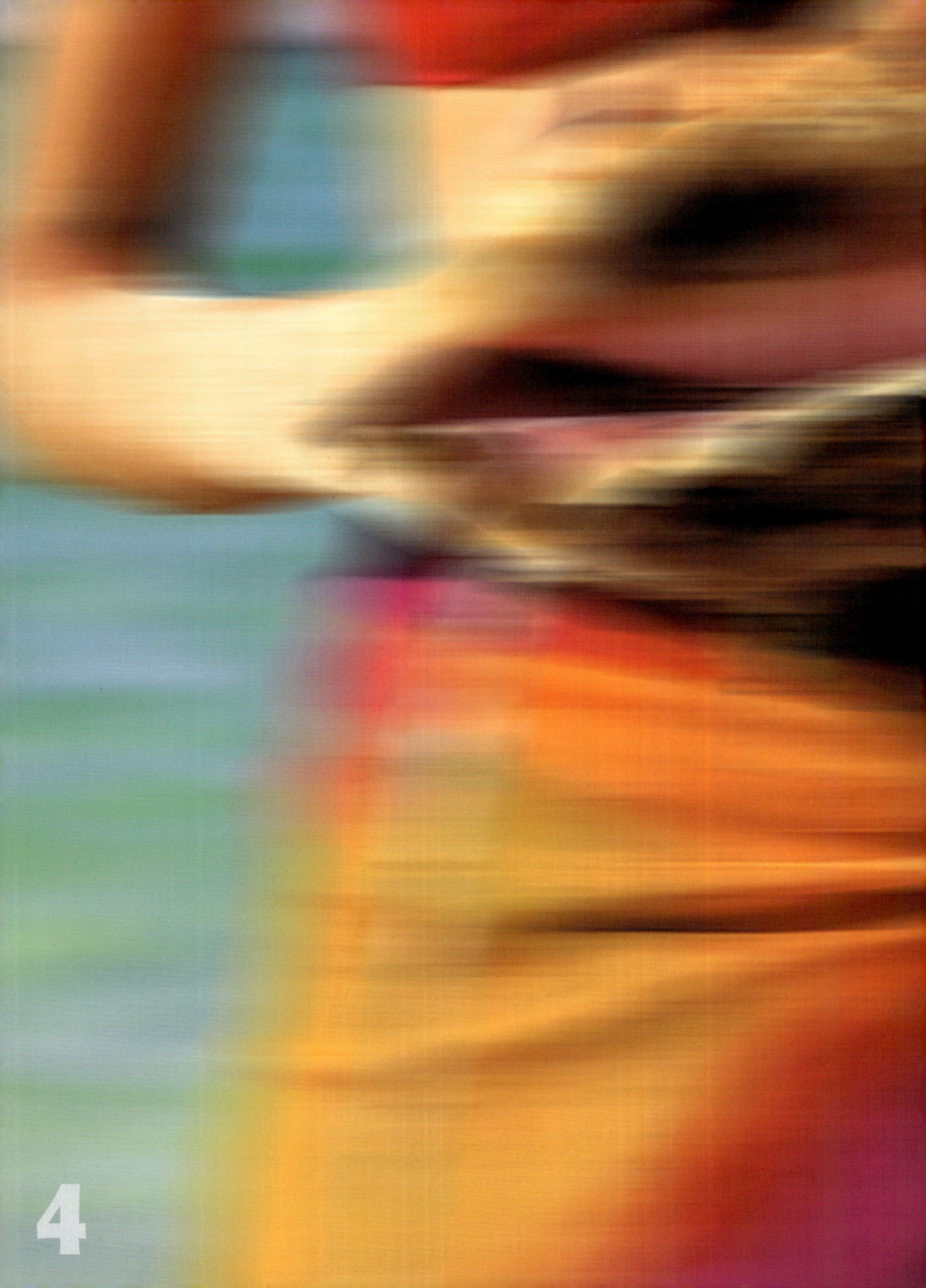

4

Malen & Retuschieren

Mit Pinseln, Werkzeugspitzen und digitalen Farbtöpfen hantieren Sie beim Malen und Retuschieren. Dabei geht es nicht nur um bunte Striche in Bilddateien: Sie kolorieren Graustufenbilder, überdecken Bildfehler und entwerfen brillante Farbverläufe.

4

Pinselfunktionen

Selbst wenn Sie keine künstlerischen Ambitionen haben, die Pinselfunktionen Ihres Bildprogramms werden Sie häufiger nutzen: Der unersetzliche Kopierpinsel übertüncht Bildstörungen, weitere Retuschepinsel wirken als Aufheller oder Scharfzeichner. Mit weißer oder schwarzer Farbe retuschieren Sie Auswahlbereiche in Alphakanälen oder Ebenenmasken.

DIE WERKZEUGSPITZEN

Ob Farbpinsel, Kopierpinsel oder Aufhellpinsel – alle Werkzeuge verwenden eine Werkzeugspitze Ihrer Wahl. In den Einstellungen zur Werkzeugspitze bestimmen Sie mit der Bildpunktzahl, wie breit sich der aktuelle Pinsel auswirkt. Für feine, örtliche Retuschen beschränken Sie die Breite auf nur wenige Bildpunkte. Großflächiger Farbauftrag braucht dagegen 50 bis 500 Bildpunkte.

Dazu kommt die Kantenschärfe: Die Wirkung des Pinsels kann am Rand sanft ausklingen. Das eignet sich für unauffällige Retuschen mit dem Kopierpinsel. Wollen Sie jedoch einen exakt umrissenen Bereich bearbeiten, geben Sie eine hohe Kantenschärfe vor.

Die Programme bieten runde, eckige oder strichförmige Spitzen und ermöglichen damit zum Beispiel kalligraphische Striche. Dazu kommen viele unregelmäßige Ausführungen: Der Farbauftrag erinnert hier an Borstenpinsel, Schwamm oder Kreide. Teilweise können Sie Ihre eigene Werkzeugspitze definieren – malen Sie mit Ihrer Unterschrift oder mit Ihrem Logo.

DECKKRAFT UND ABSTAND

Der Deckkraft-Regler bestimmt, wie stark sich der Pinselstrich auswirkt. Für behutsame Eingriffe senken Sie die Deckkraft auf 30 oder 50 Prozent und steigern die Wirkung durch mehrfaches Übermalen.

Der Abstand-Regler legt fest, wie viele einzelne Farbkleckser der Pinsel während einer Mausbewegung hinterlässt. Die übliche, niedrige Vorgabe liefert durchgehende Striche. Höhere Abstandwerte erzeugt dagegen halb oder gar nicht überlappender Einzelfarbauftrag. Damit pinseln Sie zum Beispiel ein Logo oder lose verstreute Symbole ins Bild, ohne dass alles ineinander fließt.

Dick aufgetragen: „Natürliche" Malwerkzeuge tragen Farbe oder ganze Bilder wie mit dem Spachtel auf.

Moderne Malerei: Zeichnen Sie direkt auf dem Monitor.

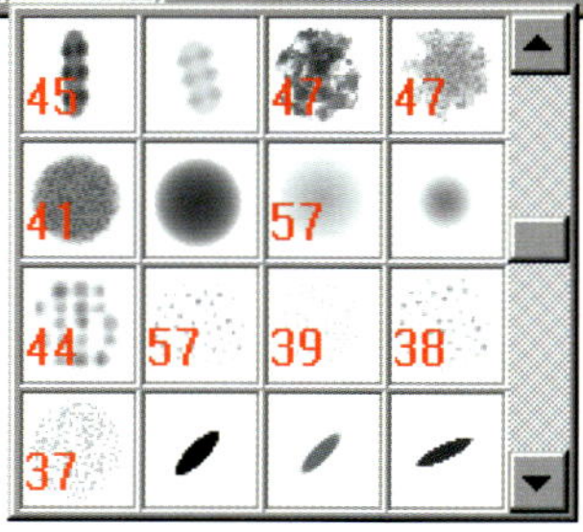

Künstlerisch wertvoll: Bildprogramme bieten Pinsel für kreative Gestalter.

KÜNSTLERISCH MALEN

Wer mit künstlerischem Touch malen möchte, ärgert sich oft über allzu sterile Ergebnisse, die stark nach Computergrafik riechen. Weniger gleichmäßige Resultate erhalten Sie, indem Sie wiederholt Größe, Form und Deckkraft der Werkzeugspitze wechseln. Experimentieren Sie mit Überblendmethoden wie „Multiplizieren" oder „Hartes Licht".

Einige Programme streuen bewusst „Fehler" in den Malauftrag: Sie variieren Eigenschaften wie Größe, Farbe oder Deckkraft entweder zufallsgesteuert oder abbhängig von bestimmten Kriterien. Sie machen die Pinseleigenschaften abhänging von Malrichtung und Malgeschwindigkeit, oder sie variieren die Wirkung über eine bestimmte Malstrecke hin.

Mit den Pinselfunktionen entstehen digitale Kunstwerke.

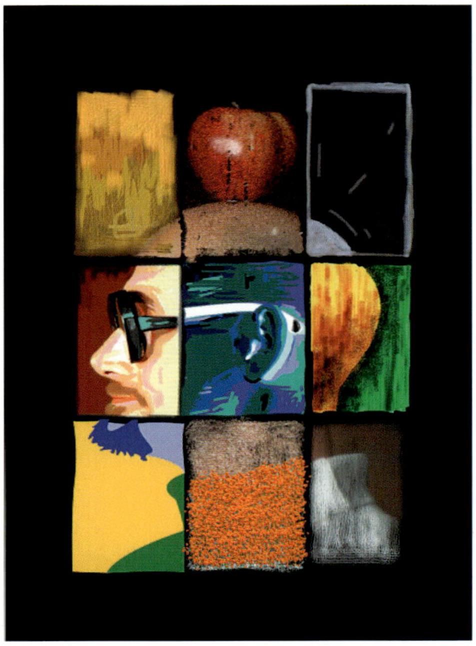

GRAFIKTABLETT UND GRAFIKSTIFT

Feine Formen lassen sich mit der üblichen, klobigen PC-Maus kaum zeichnen, das gilt für Unterschriften oder für präzise Linien. Engagierte Bildschirm-Künstler nutzen darum einen Grafikstift; Modedesigner, Karikaturisten, freie Künstler oder Architekten bringen so ihre Skizzen auf den Bildschirm. Wahlweise führen Sie den Griffel über ein sogenanntes Grafiktablett oder über einen speziellen Bildschirm.

Das elektromagnetische Grafiktablett liegt wie eine extradicke Mausunterlage auf Ihrem Schreibtisch. Sie führen den Mauszeiger per Stiftbewegung auf dem Tablett. Der Grafikstift gehört zum Lieferumfang des Tabletts und funktioniert meist drahtlos. Er überträgt zum Beispiel 1024 unterschiedliche Druckzustände an Ihr Bildprogramm. Je nach Andruck des Stiftes ändern sich Farbe, Größe, Deckkraft oder andere Maleigenschaften – ideal für lebhafte „natürliche" Ergebnisse.

Der Grafikstift paust auch Fotos oder Grafiken ab. Sie können damit überdies Auswahllinien ziehen, denn Sie führen das Lasso-Werkzeug per Grafikstift allemal präziser als mit der Maus. Generell eignet sich das Grafiktablett auch für die übliche PC-Bedienung: Mit dem Grafikstift und seinen eingebauten Tasten öffnen Sie Menüs und bestätigen Schaltflächen. Allerdings erfüllt eine übliche Maus diese Aufgaben bequemer; deswegen können Sie passend zum Grafiktablett noch eine Maus erstehen. Andere Gestalter schließen eine separate Maus am PC an. Solvente Profis malen direkt auf einem speziellen Bildschirm, auf „digitalem Papier".

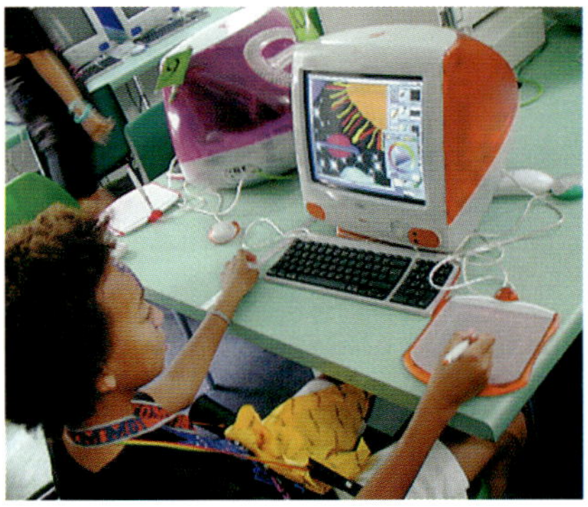

Kunsthandwerk: Für präzises Malen empfiehlt sich ein Grafiktablett mit druckempfindlichem Stift.

Digitale Filzstifte

Möchten Sie die Farbmischung von Filzstiften oder Wasserfarbe imitieren? Dann senken Sie die Deckkraft und verwenden den Überblendmodus „Multiplizieren". Mehrfach übermalte Bereiche wirken dabei deutlich kräftiger als Bildteile, die nur einmal Farbe erhalten.

Farben & Verläufe

Ob Sie mit Schwarz und Weiß eine Ebenenmaske traktieren oder mit 16 Millionen Farben ein digitales Kunstwerk in den PC tuschen – zunächst wählen Sie die gewünschte Farbe aus.

Buntes Angebot: Die Farbpaletten halten alle wichtigen Farbtöne parat.

VORDER- UND HINTERGRUNDFARBE

In der Werkzeugleiste bieten die Programme zwei unterschiedliche Farbtypen an. Man redet meist von Vorder- und Hintergrundfarbe. Um die Farbwerte zu ändern, klicken Sie auf die Farbfelder; damit erscheint der Farbwähler.

Pinsel malen mit der aktuellen Vordergrundfarbe. Wenn Sie einen Auswahlbereich leer löschen oder Arbeitsfläche anbauen, setzen die Programme meist die Hintergrundfarbe.

Die Pinselfarbe kann zudem zwischen Vorder- und Hintergrundfarbe changieren, manche Verläufe erstrecken sich von Vorder- zu Hintergrundfarbe. Auch einige Effektbefehle verwenden Vorder- und Hintergrundfarben, um Ihr Bild zu verfremden.

FARBEN WÄHLEN UND SPEICHERN

Viele Pixelkünstler klicken auf das vordere Farbfeld in der Werkzeugleiste und legen im Farbwähler einen neuen Farbton fest. Dieses Verfahren lohnt sich besonders, wenn Sie die ganz exakten Farbwerte in der Anzeige sehen wollen – ein wichtiger Aspekt bei der Internet-Gestaltung.

Schneller erreichen Sie neue Farbtöne jedoch per Farbpalette. Hier greifen Sie die neue Vordergrundfarbe per Klick in eins der vielen Farbfelder heraus. Speichern Sie wichtigen Farbtöne dauerhaft zum bequemen Abruf.

Farbtauscher. Klicken, um Vorder- und Hintergrundfarbe zu vertauschen.

Vordergrundfarbe. Klicken, um Farbe zu ändern.

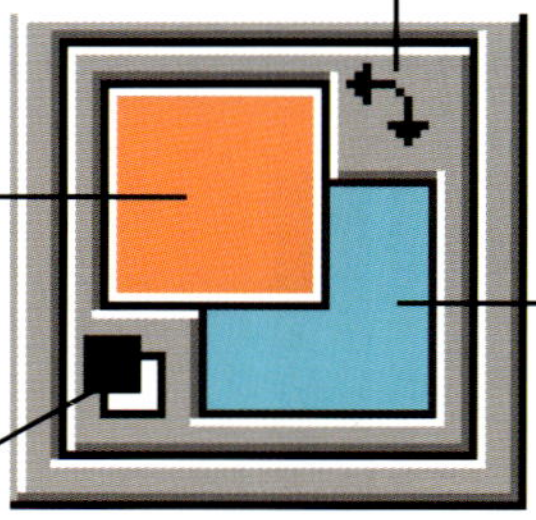

Hintergrundfarbe. Klicken, um Farbe zu ändern.

Standardfarben. Klicken, um Vorder- und Hintergrundfarbe auf Schwarz und Weiß zu setzen.

Farbenwahl. Die Werkzeugleiste bietet Vorder- oder Hintergrundfarbe an.

Höhere Ebene

Malen Sie Einzelfarben oder Verläufe nicht direkt ins Bild. Verwenden Sie stattdessen für den Farbauftrag eine neue, leere Ebene über dem Foto. Sie können die neue Farbe dann jederzeit umfärben und entfernen oder andere Überblendverfahren testen.

DIE PIPETTE

Möchten Sie einen Farbton aus Ihrem Foto als Vordergrundfarbe verwenden, um damit weiterzumalen? Dann klicken Sie den farblich passenden Bildpunkt mit der Pipette an. Mit Pipette plus Zusatztaste (z.B. Umschalt- oder Alt-Taste, je nach Programm) laden Sie den Tonwert als Hintergrundfarbe.

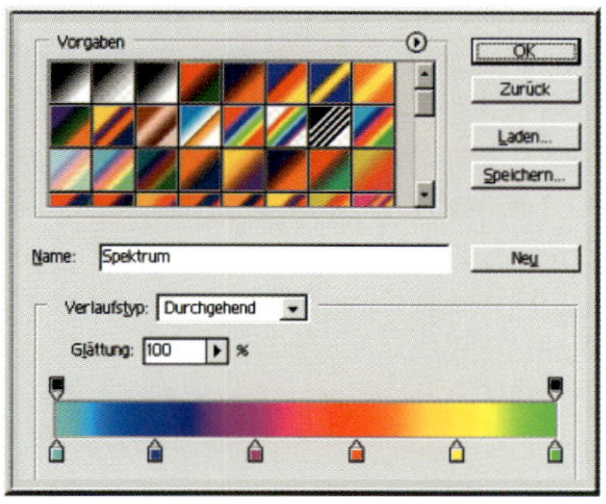

Farbenfabrik: Wählen und gestalten Sie Farbverläufe nach Belieben.

FÜLLFUNKTIONEN

Wollen Sie größere Bereiche ausmalen, greifen Sie zum Farbeimer. Dieses Werkzeug schüttet ebenfalls Farbe aus, je nach Vorgabe bedeckt es aber nur farbähnliche Bereiche. Alternativ verwenden Sie den Befehl „Füllen": Sie wählen den Bereich mit Lasso oder Zauberstab aus und kippen per „Füllen" Farbe hinein.

Sie können Füllfarben oder Verläufe so ins Bild blenden, dass Sie das Motiv nur färben, aber nicht restlos mit Farbe zuklatschen. Für Farbbbilder eignet sich der Überblendmodus „Farbton", den wir auch beim Cabrio verwendet haben. Zum Kolorieren von Graustufenvorlagen nehmen Sie „Farbe" (Seite 80).

Neuer Anstrich:
Der Farbverlauf füllt eine separate Montageebene, eine Maske beschränkt die Wirkung auf das Blech.

FARBVERLÄUFE

Die meisten Programme bieten aufwändige Funktionen für Farbverläufe, also für stufenlose Übergänge zwischen zwei oder mehreren Farben. Sie legen die Grundfarben fest, das Programm errechnet automatisch alle Zwischenwerte.

Sie klicken mit dem Verlauf-Werkzeug ins Bild – das ist der Startpunkt des Verlaufs; dann ziehen Sie den Mauszeiger bei gedrückter Taste bis an die geplante Endstelle und lassen los. Zwischen diesen beiden Polen erstreckt sich der Übergang. Ist jenseits dieser Außenpunkte noch Platz, erscheint dort die reine Start- oder Endfarbe.

Farbverläufe eignen sich als Hintergrundfläche, als Textfüllung und in vielen anderen Situationen. Die Programme liefern zahlreiche fertige Verläufe mit, eigene Weiterentwicklungen lassen sich speichern. Legen Sie den Verlauf gerade, strahlenförmig, kreisförmig oder als Kasten an, spiegeln oder dehnen Sie die Strecke.

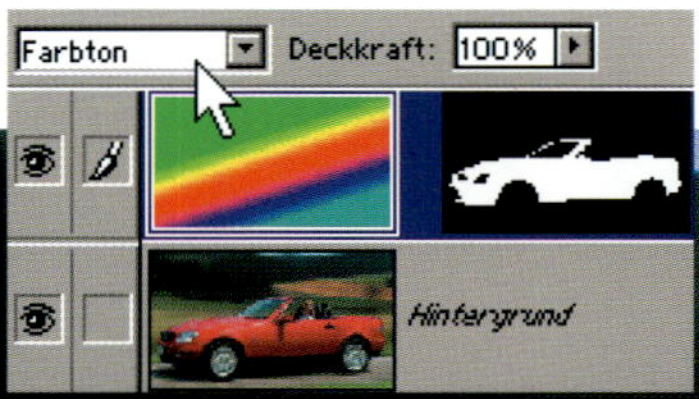

Kolorieren

Mit den Mal- und Retuschierfunktionen können Sie auch Graustufenbilder kolorieren. Dabei kommt es auf die richtigen Überblendverfahren an.

PRÄPARIEREN SIE DAS BILD

Befindet sich Ihr Foto noch im Graustufenmodus, dann wechseln Sie zum RGB-Farbmodus. Das Aussehen ändert sich nicht, doch erst jetzt kann die Bilddatei überhaupt Farbe annehmen. Vielleicht beginnen Sie auch mit einer Farbdatei, die Sie erst in Graustufen verwandeln. Achten Sie dann gezielt auf helle Flächen in der Graustufenversion – sie lassen sich wesentlich besser kolorieren als dunkle Partien. Der übliche „Graustufen"-Befehl bietet wenig Steuerungsmöglichkeiten, aber Sie können mit Gradationskurve oder Tonwerterweiterung nacharbeiten. Vielseitigere Graustufen erhalten Sie zum Beispiel mit der „Monochrom"-Vorgabe des Kanalmixers.

WIE SIE DIE FARBE AUFTRAGEN

Malen Sie die Farbe im Modus „Normal" ins Bild, erhalten Sie keine realistische Wirkung: Sie decken das Motiv einfach glatt mit dem neuen Farbwert zu. Eine Reduzierung der Deckkraft lässt zwar das Graustufenbild durchscheinen, doch überzeugend wirkt das Ergebnis deshalb noch nicht.

Richten Sie in den Einstellungen zum Pinsel den Überblendmodus „Farbe" ein, der auch „Farbton & Sättigung" heißt. Diese Vorgabe erhält die Helligkeitswerte des Untergrunds: Sie malen zum Beispiel mit Hellblau auf dem Auge und färben es damit – doch das schimmernde Hell-Dunkel-Spiel und die Reflektionen der Iris bleiben erhalten.

Die Farbvorlage wird gezielt in ein helles Graustufenbild verwandelt.

Alle gefärbten Bereiche liegen als eigene Ebene über der Graustufenversion.

Mit Überblendtechnik mischen wir Farbflächen und Graustufenbild.

DIE „FÄRBEN"-FUNKTION

Auch so kolorieren Sie einzelne Teile eines Bildes, das Graustufen zeigt:

1. Wählen Sie den gewünschten Bereich aus, zum Beispiel mit Lasso oder Zauberstab.
2. Starten Sie den Befehl „Farbton-Sättigung", und aktivieren Sie die „Färben"-Option.
3. Damit färbt sich der Auswahlbereich, die Hell-Dunkel-Strukturen bleiben wieder erhalten. Die genaue Wirkung steuern Sie mit den Reglern für Farbton, Sättigung und Helligkeit.

Ein Beispiel für eine großflächige Tönung des ganzen Bildes sehen Sie auf Seite 100.

BILDTEILE WEITERVERWENDEN

Nutzen Sie einzelne Bildteile der Farbvorlage für das kolorierte Ergebnis. In der Farbvorlage haben wir den Mund der Apothekerin mit dem Zauberstab ausgewählt und auf eine eigene Ebene gehoben. Später legen wir ihn über das Graustufenbild, die Ebene korrigieren wir mit dem „Farbton"-Regler und Überblendverfahren.

Grau wird bunt

Beim Malen im Modus „Farbe" wie auch beim Färben muss die Vorlage Grautöne zeigen. Reines Schwarz oder Weiß nimmt keine Farbe an.

VIELSEITIGE EXPERIMENTE

Meist ist es schwierig, kleine Bildteile wie die Augen der Apothekerin exakt mit dem Pinsel zu treffen. Man sollte den Bereich erst auswählen, so dass der Pinsel nur noch in diesem Bereich wirkt. Falls Sie mit einer Farbvorlage beginnen: Wählen Sie die wichtigen Bildteile schon hier mit dem Zauberstab aus – das ist wesentlich leichter als später in der Graustufenfassung. Speichern Sie die Auswahlen, oder legen Sie die gewählten Bereiche auf neue Ebenen; dann haben Sie jederzeit schnellen Zugriff auf die einzelnen Zonen.

Die Farbpartien der Apothekerin haben wir nicht direkt in das Graustufenbild gemalt. Stattdessen haben wir die Farbe in neue, leere Ebenen gepinselt – mit separaten Ebenen für Augen, Mund, Ohrringe etc. Jede Ebene erhält den Überblendmodus „Farbe", so dass sich die Farbe optimal mit dem Graustufen-Untergrund mischt.

Danach können wir flexibel gestalten: Korrigieren Sie Farbton oder Kontraste in der Ebene, senken Sie die Deckkraft, experimentieren Sie mit anderen Überblendverfahren wie „Weiches Licht" oder „Ineinanderkopieren". Teile der gemalten Ebene machen Sie per Radiergummi oder Ebenenmaske durchsichtig oder halbtransparent (Seite 76). Unabhängig von den Farbelementen bearbeiten Sie jederzeit auch das Graustufenbild – ändern Sie die Kontraste, oder tauschen Sie es komplett gegen eine anders abgestufte Variante aus.

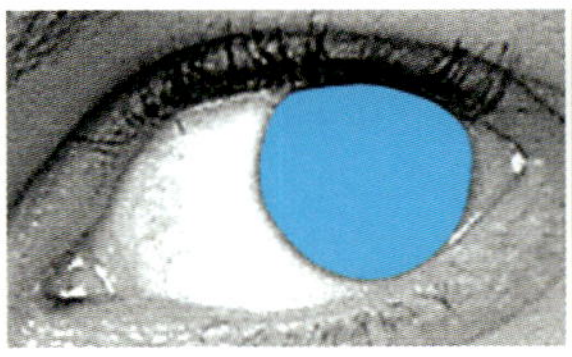

Der Farbauftrag im Modus „Normal" deckt die Vorlage komplett zu.

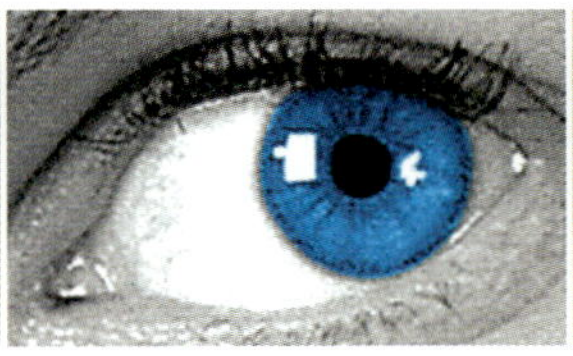

Der Wechsel zum Modus „Farbe" gibt die Untergrundstruktur frei.

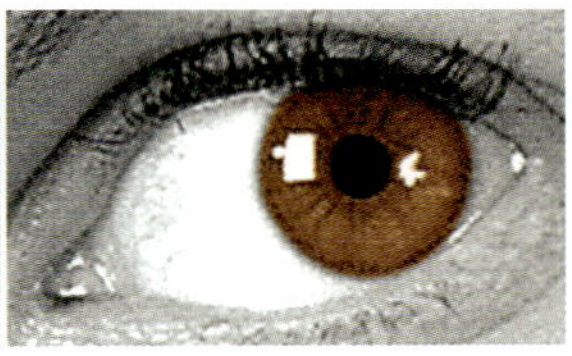

Weil die Farbe auf einer eigenen Ebene liegt, lässt sie sich leicht ändern.

Handarbeit: Das Foto wurde mit dem Pinsel koloriert und mit einem leichten Weichzeichner bearbeitet.

Der richtige Modus: Stellen Sie den Pinsel beim Kolorieren auf den Modus „Farbe".

Flecken entfernen

Einen Riss im Papier, Flusen, Flecken oder Pickel – all das entfernt diskret und ohne Mühe Ihr Bildprogramm. Aber auch Strommasten oder lästige Touristen retuschieren Sie aus Ihren Aufnahmen. Damit die Korrektur unauffällig wirkt, sollten Sie das Ergebnis sorgfältig prüfen und sauber nachbearbeiten.

IHRE MÖGLICHKEITEN

Störende Details entfernen Sie ganz einfach: Sie kopieren andere, benachbarte Bildpunkte über die Problemzone. Dabei bieten sich zwei Verfahren an: Kaschieren per Kopierpinsel oder durch eine duplizierte Auswahl. Mit dem Kopierpinsel geht es schneller, das Auswahlduplikat lässt sich dagegen besser kontrollieren. Sie lernen hier beide Verfahren kennen.

DER KOPIERPINSEL

Der Kopierpinsel heißt auch Duplizierstempel oder Klonwerkzeug. Im Beispiel rechts kopiert das Werkzeug blauen Himmel über den Riss im Foto. So gehen Sie vor:
Schalten Sie den Kopierpinsel ein.

1. Wählen Sie eine weiche Werkzeugspitze aus, die etwas größer ist als der störende Bereich.
2. Zunächst definieren Sie einen Kopier-Ursprung – einen Bereich, den Sie über die störende Bildzone legen. Wir klicken dazu mit gedrückter Zusatztaste in den Himmel; je nach Programm drücken Sie zum Beispiel Umschalt- oder Alt-Taste.
3. Klicken Sie nun in die Störung. Das Programm kopiert den zuvor angegebenen Bereich des Himmels über den Riss. Dabei erscheint ein Kreuz über dem Himmel – es kennzeichnet die Stelle, aus der Sie soeben Bildpunkte entnehmen.
4. Ziehen Sie den Zeiger an dem Riss entlang, um ihn nach und nach zu überdecken. Legen Sie bei Bedarf den Kopierursprung neu fest.

Trauminsel: Ihr Bildprogramm macht's möglich – das Paradies nach Maß.

Wir wählen zunächst die Strandkante aus...

... und ziehen den Inhalt mit passender Drehung an die Korrekturstelle.

Anschließend markieren wir die Umgebung rechts...

...und bewegen ein Duplikat über die Personen.

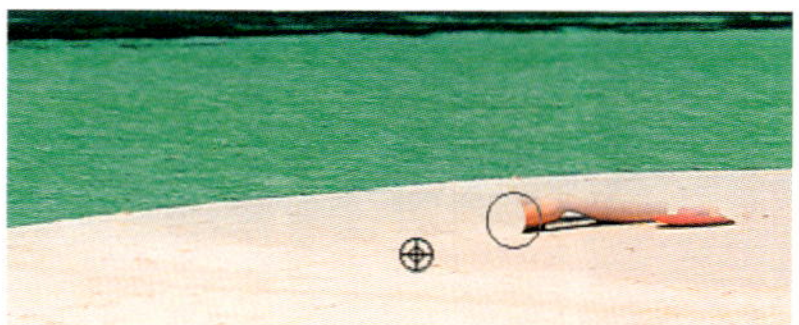

Der Kopierpinsel überdeckt die letzten Spuren mit Sand.

Doppelte Prüfung

Stellen Sie die Reparaturzone mit der Lupe bildschirmfüllend groß dar. Überprüfen Sie aber zwischendurch auch das Gesamtbild: Manchmal sticht die Bearbeitung auffällig heraus, ohne dass Sie es in der Detailansicht merken.

Kopierpinsel und Detail-Duplikate entfernen den Riss im Fotopapier.

KORREKTUR MIT DUPLIKAT

Größere Störstellen kann man teilweise mit breiten, geschlossenen Bereichen überdecken. Der Kopierpinsel erledigt diese Aufgabe nur ungenau. Rahmen Sie eine brauchbare Bildzone besser mit Auswahlrechteck oder Lasso ein, und geben Sie gleich eine weiche Auswahlkante mit an (Seite 64). Nun ziehen Sie den Auswahlinhalt über die Störung und verankern ihn im Untergrund; die unerwünschten Strandbesucher links verschwinden auf diese Art sehr schnell. Blenden Sie den Auswahlrahmen aus, damit Sie den Übergang zur Umgebung genau erkennen können.

Oder heben Sie den duplizierten Auswahlbereich auf eine ganz neue Ebene. Sie können hier bequem Teile des Duplikats entfernen, die Helligkeit an den Untergrund anpassen und mit der Deckkraft experimentieren.

Mit dem Kopierpinsel legen Sie zunächst einen Ursprung - fest.

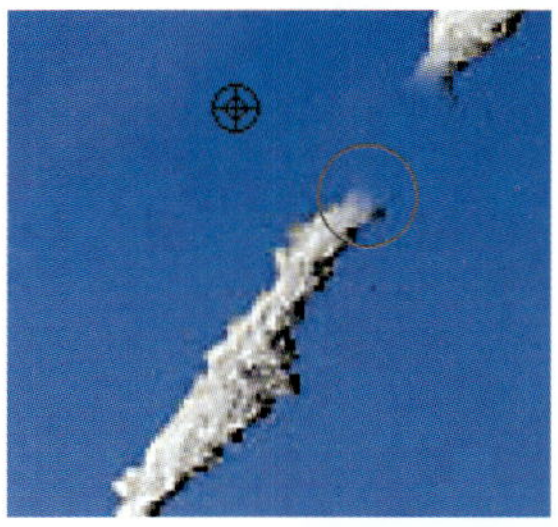

Dann malen Sie über die Störstelle, ein Kreuz kennzeichnet den Ursprung, der Bildfehler wird überdeckt.

Bewegen Sie den Kopierpinsel weiter an der Störung entlang.

VERFEINERN SIE DAS ERGEBNIS

Ob Sie mit dem Kopierpinsel arbeiten oder Auswahlinhalte über Fehlerstellen ziehen – selten gelingt auf Anhieb eine makellose Retusche. Zum Beispiel treten die Nahtstellen zwischen Korrekturzone und Umfeld unschön hervor. Ihre Abhilfe: Ebnen Sie auffällige Kanten durch erneute Bearbeitung mit dem Kopierpinsel bei weicher Werkzeugspitze ein. Probieren Sie alternativ das Wischfingerwerkzeug, den Weichzeichnerpinsel oder einen Weichzeichnerbefehl nur in dieser Zone; diese Funktionen verwischen harte Konturen.

Manchmal stören auch allzu gleichmäßige Muster oder auffällig wiederkehrende Details. Sie entstehen durch zahlreiche Klicks mit dem Kopierpinsel. Schalten Sie dieses Werkzeug erneut ein, und durchbrechen Sie die einheitliche Struktur mit ein paar weiteren einkopierten Bildstellen.

WEITERE RETUSCHEPINSEL

Ihr Programm hat neben dem Kopierpinsel noch mehr Retuschewerkzeuge zu bieten. Sie können einzelne Bildzonen per Pinsel aufhellen, abdunkeln, scharfzeichnen, absoften oder verschmieren. So bearbeitet man mit dem Aufhellpinsel Augen oder Zähne in einem Porträt. Der Weichzeichnerpinsel setzt Unschärfe gezielt in unwichtige Bildstellen, und er verwischt die Kanten montierter und retuschierter Bildteile.

Allerdings geht es per Ebenentechnik bequemer als mit diesen Retuschepinseln. Wandeln Sie ein Duplikat Ihres Fotos in eine neue Ebene um, und wenden Sie einen Befehl zum Weichzeichnen oder Aufhellen an. Anschließend verbergen Sie per Ebenenmaske oder Radiergummi Teile, die Sie gar nicht retuschieren wollten. Weil die Korrektur auf einer eigenen Ebene liegt, sind immer wieder Änderungen möglich.

Das Rechteck-Werkzeug rahmt einen brauchbaren Bereich des Fotos ein.

Die Bildpartie ziehen wir über den Riss.

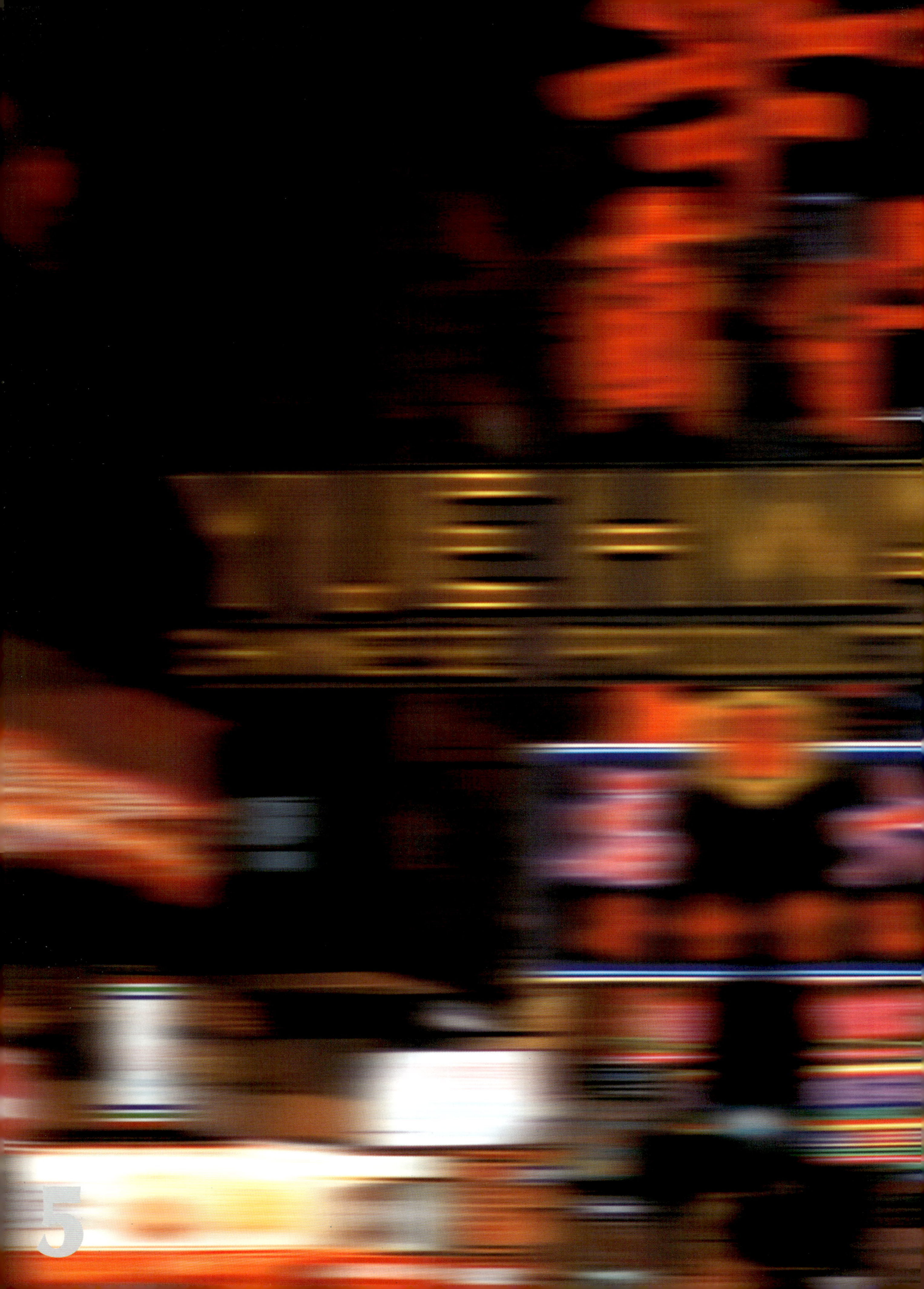

5

Bildteile auswählen

Das Auswählen gehört zu den wichtigsten Aufgaben bei der Bildbearbeitung: Wollen Sie einen einzelnen Bildteil korrigieren oder montieren? Zunächst wählen Sie die Bildpartie präzise aus. In diesem Kapitel lernen Sie alle wichtigen Auswahl-Techniken kennen.

5

Per Zauberstab

Ein schwarzweiß schillernder Fließrahmen umgibt den Bildbereich, den Sie ausgewählt haben. Wenn Sie nun einen Korrekturbefehl aufrufen, verändert sich nur die ausgewählte Zone. Motivteile außerhalb des Rahmens bleiben unbearbeitet. Sie können den gewählten Bildteil auch in andere Fotos einfügen (Seite 70).

AUSWAHL-TECHNIK

Auswahlen heißen manchmal auch „Masken". Das Auswählen in der Bildbearbeitung unterscheidet sich prinzipiell nicht von einem Textprogramm; dort wählen Sie zum Beispiel durch Ziehen mit gedrückter Maustaste einen Satz aus, um ihn kursiv zu formatieren oder um ihn in ein anderes Dokument zu kopieren. In der Bildbearbeitung wählen Sie genauso einen Teil Ihres Dokuments aus, um ihn umzugestalten oder zu übertragen. Die Programme erzeugen Auswahlen mit unterschiedlichsten Werkzeugen und Befehlen. Zeichnen Sie jedoch möglichst wenig Auswahlumrisse von Hand. Erfassen Sie Bildbereiche lieber automatisch. Ihr wichtigstes Hilfsmittel dabei: der Zauberstab.

DER ZAUBERSTAB

Den Zauberstab finden Sie oft zusammen mit anderen Auswahlwerkzeugen wie Lasso oder Rechteck in einem Untermenü der Werkzeugleiste. Der Zauberstab wählt Bildteile mit ähnlichen Farb- oder Helligkeitswerten aus. In unserem Beispiel klicken wir mit dem Zauberstab in den grauen Studiohintergrund. Die schwarzweiße Auswahl-Linie umgibt nun Teile des Hintergrundes. Die Person selbst wird nicht erfasst, denn sie weicht farblich stark vom Hintergrund ab.

Neuer Hintergrund: Der Mann soll ausgeschnitten und vor diese Wolkenkulisse montiert werden.

Wählerisch: Je nach Toleranz erfasst der Zauberstab kleine oder größere Bildbereiche.

Der erste Klick mit dem Zauberstab erfasst nur einen Teil des Hintergrunds. Eine schwarzweiße Fließmarkierung zeigt die ausgewählten Bildteile an.

DIE TOLERANZ

Welche Bildbereiche nimmt der Zauberstab mit in die Auswahl, welche Partien werden ignoriert? Das regeln Sie mit dem Wert für die „Toleranz“:

- ➡ Setzen Sie die Toleranz hoch, gelangen große Bildbereiche mit sehr unterschiedlichen Farbwerten in die Auswahl.
- ➡ Niedrige Toleranz-Werte erzeugen dagegen kleine Auswahlen; das Werkzeug erfasst nur sehr ähnliche Bildpunkte.

Sobald Sie den Zauberstab in der Werkzeugleiste anklicken, zeigt Ihr Bildprogramm die Einstellmöglichkeiten für dieses Werkzeug. Meist beginnt man die Auswahl-Arbeit mit niedriger Toleranz und dehnt den Bereich mit weiteren Klicks aus.

BENACHBARTE BEREICHE

In der Grundeinstellung erfasst der Zauberstab nur benachbarte Bildbereiche. Deswegen müssen wir die verschiedenen Hintergrundbereiche im Beispielbild separat nacheinander anklicken. Die Alternative: Stellen Sie den Zauberstab so ein, dass er sofort sämtliche farbähnlichen Bildpunkte im gesamten Bild erfasst – auch dann, wenn sie durch völlig abweichende Farbzonen voneinander getrennt sind.

In unserem Foto würde der Zauberstab sofort alle Abschnitte des einheitlichen Hintergrundes mit einem einzigen Klick markieren. Allerdings: Die Gefahr ist groß, dass diese Vorgabe auch hellgraue Bildteile innerhalb der Person mit auswählt, zum Beispiel die Augen oder die Zähne.

EINFACHES AUSWÄHLEN

Unsere Bildreihe zeigt die typische Auswahl-Technik bei Porträts oder Sachaufnahmen. Sie wählen zunächst nicht das Hauptmotiv aus, sondern die Umgebung. So geht's:

1. Wählen Sie den farblich homogenen Hintergrund mit mehreren Zauberstab-Klicks aus.
2. Kehren Sie die Auswahl um. Die erledigt meist der Befehl „Auswahl/Auswahl umkehren“. Damit ist nur noch Ihr Hauptmotiv ausgewählt.
3. Nun korrigieren oder montieren Sie das Hauptmotiv unabhängig vom Hintergrund.

In dieser Werkzeugleiste finden Sie den Zauberstab zusammen mit anderen Auswahl-Werkzeugen in einem Untermenü.

Clever fotografieren

Wollen Sie ein Motiv mit dem Zauberstab freistellen, dann achten Sie schon beim Fotografieren auf die Details: Denken Sie an einen einheitlichen Hintergrund, der sich gut vom Hauptmotiv abhebt. Vermeiden Sie unscharfe und stark abgeschattete Zonen im Übergang zwischen Objekt und Umfeld.

Ein erneuter Versuch mit höherer Toleranz wählt den kompletten oberen Bereich aus. Doch noch fehlen die unteren Abschnitte.

Zusätzliche Klicks vergrößern die Auswahl um weitere Hintergrundpartien. Deshalb erscheint ein Pluszeichen neben dem Zauberstabsymbol.

Die Auswahl wird umgekehrt: Statt des Hintergrunds ist jetzt die Person ausgewählt – Sie kann in ein neues Bild kopiert werden.

Exakte Auswahlen

Ein Klick mit dem Zauberstab reicht meist nicht, um ein Motiv perfekt auszuwählen. Verwenden Sie gezielt verschiedene Techniken, kombinieren Sie unterschiedliche Auswahl-Werkzeuge und -Befehle.

Löcher stopfen

Besonders nützlich wirkt der Befehl „Löcher entfernen" – er tilgt Lücken innerhalb einer Zauberstab-Auswahl. Diese Löcher entstehen leicht auf unruhigen, schlecht gescannten Bilddateien.

DAS LASSO

Mit dem Lasso-Werkzeug zeichnen Sie die Auswahl-Linie bei gedrückter Maustaste frei ins Bild. Das eignet sich nicht für komplizierte Konturen. Aber verwenden Sie das Lasso zum Beispiel, um bereits vorhandene Zauberstab-Auswahlen zu verkleinern oder zu vergrößern. Dieses Werkzeug existiert in weiteren Varianten:

- Das Magnet-Lasso folgt markanten Konturen. In unserem Beispielbild klicken wir einzelne Grenzpunkte des Jackets an, diese Punkte werden durch eine Auswahl-Linie verbunden. Ähnlich wie beim Zauberstab können Sie die Toleranz regeln (Seite 61).
- Mit dem Punkt-zu-Punkt-Lasso setzen Sie einzelne Klicks ins Bild. Das Programm verbindet die Punkte mit Auswahllinien auf dem kürzesten Weg. Dabei entsteht also eine eckige Auswahl, die sich nicht an Farbbereichen orientiert.

RECHTECK UND KREIS

Für schnelle Auswahlen zwischendurch eignen sich überdies die Werkzeuge Rechteck- und Ellipsen-Auswahl. Sie können feste Bildpunktzahlen oder Seitenverhältnisse vorgeben. Mit weiteren Schaltflächen oder Zusatztasten erhalten Sie ein exaktes Quadrat oder einen exakten Kreis.

Die erste Zauberstab-Auswahl mit niedriger Toleranz erfasst nur geringe Teile des Sakkos.

Auch Erhöhen der Toleranz und mehrfaches Erweitern des Bereichs ergeben keine gute Auswahl.

Qual der Wahl: Viel Auswahlarbeit ist nötig, bis Sie das Sakko umfärben und den Darsteller montieren können.

Wir schalten auf „Auswahl erweitern" und ziehen mit dem Lasso einen Rahmen um die lückenhafte Auswahl.

AUSWAHL VERÄNDERN

Meist müssen Sie für eine perfekte Auswahl mehrfach klicken. Vorsicht: Der zweite Klick mit Zauberstab oder Lasso hebt die bereits vorhandene Auswahl komplett auf. Sie erzeugen also eine neue Auswahl, die bisherige Markierung fällt ersatzlos unter den Tisch. Aber Sie können auch die schon vorhandene Auswahl weiterverwenden und mit einem zweiten Klick erweitern. So geht's:

- Drücken Sie beim Klick mit dem Zauberstab die Umschalt-Taste.
- Oder klicken Sie die Plus-Schaltfläche im Dialogfeld zum Zauberstab an.

Manche Programme blenden ein Pluszeichen neben dem Zauberstabsymbol ein. So erkennen Sie, dass der nächste Klick die vorhandene Auswahl erweitert.

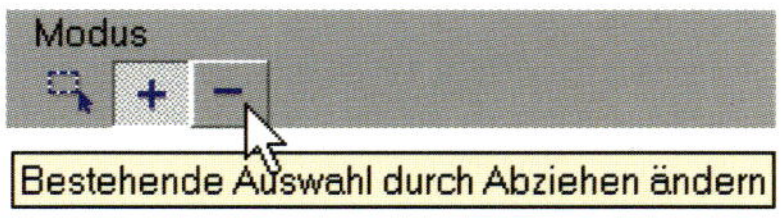

Mehr oder weniger: Je nach Vorgabe verkleinern oder erweitern Sie vorhandene Auswahlbereiche.

Umgekehrt lässt sich eine bereits erstellte Auswahl auch verkleinern. Denn eventuell erkennt der Zauberstab bereits beim ersten Klick zu viele Bildpunkte. Dann reduzieren Sie die Auswahl zum Beispiel mit dem Lasso – oder wiederum mit dem Zauberstab. Achtung auch hier: Um nicht die vorhandene Auswahl aufzuheben und eine völlig neue Auswahl zu erzeugen, benötigen Sie diesmal die Alt-Taste oder die Minus-Schaltfläche im Dialogfeld zum Werkzeug.

AUSWAHL-BEFEHLE

Die Funktionen in den Menüs „Auswahl" oder „Maske" verändern und verfeinern Ihre Auswahl. Natürlich muss schon eine Auswahl vorhanden sein, sonst sehen Sie die meisten Befehle nicht. Viele dieser nützlichen Funktionen erhalten Sie auch bequem per Kontextmenü: Dazu schalten Sie einfach ein Auswahl-Werkzeug ein und klicken mit rechter Maustaste ins Bild. Die wichtigsten Funktionen:

- „Alles auswählen" erfasst das ganze Bild.
- „Auswahl aufheben" entfernt jegliche Auswahl aus dem Bild.
- „Auswahl umkehren" oder „Invertieren" kehrt die Auswahl auf die bisher nicht erfassten Bildbereiche um.
- „Auswahl vergrößern" erweitert die Auswahl um benachbarte farbähnliche Bildpunkte.
- „Ähnliches auswählen" ergänzt die Auswahl um farbähnliche Bildpunkte im ganzen Foto.
- „Ausweiten" dehnt die gesamte Auswahl um einen regelbaren Wert aus, „Verkleinern" lässt die Auswahl gleichmäßig schrumpfen.

AUSWAHL IN MONTAGEN

Arbeiten Sie an einer Fotomontage mit mehreren Bildebenen, und haben Sie eine Auswahl angelegt? Meist spielt hier nur die momentan aktivierte Ebene eine Rolle: Der Zauberstab orientiert sich nur an Bildpunkten, die zur aktivierten Ebene gehören; und beim Kopieren gelangen nur Bildpunkte aus der aktivierten Ebene in die Zwischenablage. Das gilt auch dann, wenn Sie andere Ebenen innerhalb der Auswahl-Linie sehen. Teilweise können Sie jedoch innerhalb des Auswahlrahmens Bildpunkte aus allen Ebenen kopieren oder den Zauberstab an allen sichtbaren Ebenen ausrichten.

Das Lasso hat viele Auswahl-Lücken innerhalb des Sakkos getilgt.

Weitere offene Stellen in der Auswahl beseitigt die Funktion „Löcher entfernen".

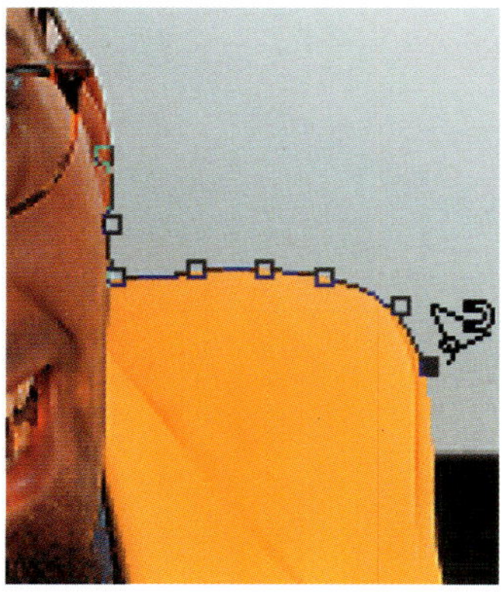

Magnet-Lasso: Das Werkzeug erzeugt eine Auswahl-Linie entlang markanter Konturen.

Weicher Rand

Der Übergang zwischen dem ausgewählten und dem nicht erfassten Bildbereich wirkt oft zu hart. Trotz mühsamer Auswahl-Arbeit erhalten Sie plötzlich Montagen, die unschön zusammengeklebt aussehen. Ausgefranste Kanten fallen ins Auge. Sie sollten den Auswahlrand darum glätten.

Sanfte Brise:
Die weiche Auswahlkante softet Übergänge ab.

KANTENGLÄTTUNG

Verwenden Sie in der Regel die so genannte „Kantenglättung", die auch „Anti-Aliasing" heißt. Sie schalten diese Vorgabe direkt im Dialogfeld zu Lasso oder Zauberstab ein. Dadurch entsteht ein hauchdünner weicher Übergang zwischen Auswahl und der Umgebung, die nicht berücksichtigt wird. Eventuell ist es eine Zone von nur einem Bildpunkt Breite; sie wird mit lediglich halber Intensität ausgewählt. Sie können den Auswahlinhalt jetzt umfärben oder montieren – erst durch das Glätten erhalten Sie ein Ergebnis mit nahtlosem, unauffälligem Rand.

WEICHER RAND

Stärker als die Kantenglättung wirkt der weiche Rand. Hier erzeugen Sie einen sanften Übergang zwischen gewählten und nicht gewählten Zonen. Ein sogenannter „Radius" von 20 bedeutet zum Beispiel: Der weiche Übergang beginnt schon 20 Bildpunkte außerhalb der sichtbaren Auswahl; volle Auswahlwirkung haben Sie erst nach 20 Bildpunkten im Auswahl-Inneren. Insgesamt erstreckt sich der Übergang von „gar nicht ausgewählt" bis „voll ausgewählt" also über eine Zone von 40 Bildpunkten. Mit dem weichen Rand erzeugen Sie stimmungsvolle Übergänge, wenn Sie etwas sanft einblenden wollen. Verwenden Sie die Funktion auch, wenn die Wirkung eines Korrekturbefehls ganz unauffällig einsetzen und abklingen soll.

DEN WEICHEN RAND EINRICHTEN

Sie haben zwei Möglichkeiten, eine weiche Auswahlkante herzustellen:

- Geben Sie direkt im Dialogfeld zu Lasso oder Zauberstab eine weiche Kante vor.
- Erzeugen Sie zunächst eine Auswahl ohne weiche Kante, dann verwenden Sie den Befehl „Weiche Auswahlkante".

Sie sind flexibler, wenn Sie zunächst mit harter Kante starten und dann erst den Befehl „Weiche Auswahlkante" aufrufen. Sie experimentieren nun auf Basis der präziseren harten Kante mit verschiedenen weichen Rändern, die abgesoftete Kante lässt sich jederzeit widerrufen. Legen Sie dagegen sofort eine weiche Auswahlkante an, lässt sich eine härtere Auswahlkontur kaum erzeugen. Noch bequemer stellen Sie den weichen Rand im Alphakanal oder in der Ebenenmaske her (Seiten 66 und 76). Legen Sie zunächst eine normale, härtere Auswahlkante an. Dann wenden Sie den Gaußschen Weichzeichner (Seite 98) auf Alphakanal oder Ebenenmaske an.

PERFEKTER AUSWAHLRAND

Trotz aller Sorgfalt, eine perfekte Auswahlumrandung gelingt oft nicht: Diffuse Übergänge, Lichtsäume oder Scanfehler machen die Objektkontur ungenau. Will die Auswahl nicht maßgenau sitzen, helfen Sie sich mit diesen Verfahren:

1. Wählen Sie das Objekt etwas enger aus, so dass Sie bei der Montage keinesfalls störenden Hintergrund mitkopieren. Verwenden Sie zum Beispiel den Befehl „Auswahl verkleinern".
2. Verwenden Sie eine etwas weichere Auswahlkante – auch zusätzlich zu einer verkleinerten Auswahl.
3. Einige Programme verbannen bei der Montage speziell weiße oder schwarze Pixel aus dem Randbereich des Montage-Objekts.

Die Person wird nur grob mit dem Punkt-zu-Punkt-Lasso ausgewählt.

Der Befehl „Weiche Auswahlkante" erzeugt einen weichen Auswahlübergang, der jedoch hier nicht deutlich zu erkennen ist.

Der Befehl „Auswahl umkehren" beschränkt die Auswahl auf den Hintergrund; wir können den Bereich nun mit Weiß füllen.

Lästiger Auswahlrahmen

Wenn Sie einen Auswahlbereich korrigieren, stört oft der Auswahlrahmen – denn Sie erkennen den Übergang zur Umgebung nicht mehr. Darum lässt sich der Auswahlrahmen auch ausblenden, die Auswahlwirkung bleibt dabei erhalten. Vorsicht allerdings: Man vergisst leicht, dass sich überhaupt eine Auswahl im Bild befindet.

Glatte Sache: Das hintere Glas wurde mit, das vordere ohne Kantenglättung ausgewählt.

Auswahl speichern

Die Korrektur einer Auswahl mit Menübefehlen und Auswahlwerkzeugen wirkt manchmal umständlich. Aber es gibt noch eine ganz andere Möglichkeit: Speichern Sie die Auswahl als Silhouette im so genannten Alphakanal.

VORTEILE UND SCHWÄCHEN

Diese Vorteile bietet ein Alphakanal gegenüber normalen Auswahlen:

- ➡ Sie speichern die Auswahl dauerhaft in der Bilddatei, um sie später wieder aufzurufen oder zu verändern.
- ➡ Im Alphakanal arbeiten Sie mit Pinseln, Effekt- und Korrekturfunktionen wie in einem üblichen Bild.
- ➡ Durch die Eingabe von Zwischentönen legen Sie maßgeschneiderte weiche Übergänge an.

Allerdings: Der Alphakanal kostet soviel Speicherplatz wie eine Graustufenversion Ihres Bildes; er lässt sich immerhin durch seine einheitlichen Farbflächen sehr gut komprimieren. Und: Nicht alle Dateitypen nehmen überhaupt Alphakanäle auf. Verwenden Sie am besten den universellen Tiff-Dateityp, alternativ den speziellen Dateityp Ihres Bildprogramms (Seite 114). Innerhalb einer JPEG-Datei können Sie keine Alphakanäle sichern. Alphakanäle heißen gelegentlich auch „Masken".

DEN ALPHAKANAL ANLEGEN

Legen Sie zunächst eine übliche Auswahl mit Lasso oder Zauberstab an. Nun folgt ein Befehl wie „Auswahl/Auswahl speichern" oder ein Klick auf die Maskenschaltfläche. Jetzt setzt Ihr Programm die Auswahl-Information in ein Schwarzweißbild um: Ausgewählte Bildbereiche erscheinen weiß, nicht gewählte Zonen sind schwarz; weiche Übergänge erscheinen in Graustufen.

Dieses zusätzliche Bild wird innerhalb Ihrer Datei gespeichert, es ist aber eventuell noch nicht sichtbar. So bringen Sie den Alphakanal auf den Bildschirm:

- ➡ Zeigen Sie den Alphakanal als reine Schwarzweißsilhouette ohne das eigentliche Foto.
- ➡ Blenden Sie den Alphakanal als rötliche „Schutzschicht" über Ihr Bild. Nicht ausgewählte Partien werden rötlich abgedeckt; der gewählte Bereich ist voll sichtbar.

Durchblick: Für die Auswahl per Alphakanal wurden Helligkeitswerte der Hintergrundebene verwendet.

DIE ARBEIT IM ALPHAKANAL

So bearbeiten Sie den Alphakanal: Tragen Sie mit dem Pinsel weiße Farbe auf, um den Auswahlbereich zu vergrößern. Wenn Sie mit Schwarz malen, wird die Auswahl verkleinert. Auch in der Darstellung als rötliche Schutzschicht arbeiten Sie mit diesen zwei Farben: Sie malen mit Schwarz, um die rötliche Schutzschicht über nicht gewählten Bereichen zu vergrößern; weiße Farbe dehnt den voll erkennbaren, also ausgewählten Bereich aus. Sobald Sie mit dem neuen Alphakanal zufrieden sind, nutzen Sie einen Befehl wie „Auswahl laden"; damit leiten Sie aus dem neuen Alphakanal wieder einen üblichen Auswahlrahmen ab. Den nun ausgewählten Bildteil können Sie korrigieren oder montieren.

Vorsicht bei der Retusche

Achten Sie bei der Alphakanalretusche darauf, dass Sie tatsächlich den Alphakanal bearbeiten – und nicht etwa das eigentliche Foto. Meist finden Sie in der Titelzeile des Bildfensters einen Hinweis wie „Alphakanal 1".

Mit dem Zauberstab entsteht eine lückenhafte Auswahl des Jackets.

Der Pinsel entfernt diese Auswahllücken im Alphakanal.

Die Pfadfunktion formt Umrisse besonders bequem.

WEITERE TECHNIKEN

Malen Sie mit Grau und weicher Werkzeugspitze für halbtransparente Übergänge. Verwenden Sie den Gaußschen Weichzeichner (Seite 98), um eine weiche Auswahlkante zu erzeugen. Schwarzweißverläufe erzeugen fließende Übergänge von „nicht ausgewählt" bis „voll ausgewählt". Bei Bedarf wählen Sie einzelne Zonen des Alphakanals mit dem Lasso aus; denken Sie bei der Lasso-Auswahl eventuell an eine weiche Kante, wenn der Übergang zu nicht korrigierten Teilen des Alphakanals unauffällig geraten soll. Alle Korrekturtechniken lassen sich auch auf Ebenenmasken anwenden (Seite 76).

PFADE

Teilweise können Sie Auswahlen in Vektortechnik korrigieren und speichern (Seite 106). Diese so genannten Pfade lassen sich mit Ankerpunkten und Biegegriffen bequem an geschwungene oder eckige Konturen anpassen. Dann werden sie zurück in eine Auswahl umgewandelt. Ein Pfad benötigt weit weniger Speicherplatz als ein Alphakanal. Pfade eignen sich jedoch nicht für komplexe Umrisse wie einen Haarschopf. Zudem speichert ein Pfad nur die Kontur einer Auswahl. Sie können mit Pfaden jedoch keine weichen Übergänge wie auf Seite 64 planen.

Die Auswahl des Körpers als Fließmarkierung ...

... als Alphakanal, der nicht gewählte Bereiche rötlich abdeckt ...

... als Alphakanal in Schwarzweißdarstellung ...

... und als Pfad mit Ankerpunkten.

6

Ebenen & Montage

Unbegrenzte Gestaltungsmöglichkeiten haben Sie bei der Fotomontage. Mit Überblendtricks, Ebenenmasken, Textwerkzeug und vielen weiteren Techniken entstehen packende Kompositionen.

6

Die erste Montage

Fast wie eine Collage aus Papier entsteht eine Fotomontage am Monitor: Sie schneiden Bildteile aus und legen sie auf einen neuen Hintergrund. Sie arrangieren die Elemente nach Bedarf, legen Ausschnitte über- und untereinander, schneiden noch einmal überflüssige Details weg oder kleben mehrere Objekte zusammen. Natürlich gehen Ihre Möglichkeiten am PC noch viel weiter.

EINE EINFACHE MONTAGE

So entsteht eine Montage:

1. In unserem Beispiel wählen wir den Hubschrauber mit dem Zauberstab aus.
2. Der Befehl „Bearbeiten/Kopieren" überträgt den Hubschrauber in die Zwischenablage.
3. Wir öffnen das Landschaftsfoto.
4. Ein Befehl wie „Bearbeiten/Einfügen/Als neues Objekt" setzt den Hubschrauber in das Landschaftsbild ein.

Nach demselben Verfahren montieren wir weitere Ausschnitte. Diese so genannten „Objekte" oder „Ebenen" lassen sich vielseitig weiter anpassen. Das zugrunde liegende Landschaftsbild gilt dagegen als „Basisobjekt" oder „Hintergrundebene". Sie ist geschützt und kann nicht ohne weiteres gelöscht oder nach oben verlagert werden. Sie können die „Hintergrundebene" aber in eine normale, frei manipulierbare Ebene umwandeln.

Die Funktionen zur Änderung der Montageeigenschaften finden Sie im „Ebenen"- oder „Objekt"-Menü Ihres Bildprogramms. Sie können die aktive Ebene zum Beispiel löschen, duplizieren und ausblenden. Legen Sie neue, leere Ebenen an, oder verwandeln Sie den aktuellen Auswahlbereich in eine separate Ebene im selben Bild.

Mit mehreren Klicks wählt der Zauberstab den Hintergrund aus.

Der Befehl „Auswahl umkehren" erfasst nun das Hauptmotiv, es wird in die Zwischenablage kopiert.

Wir ziehen den Ballon in der Ebenen-Palette nach unten, also hinter den Hubschrauber.

Wir laden ein Landschaftsfoto und fügen das kopierte Objekt als neue Ebene ein.

Der Ballon wird als neue Ebene eingefügt. Er liegt zunächst über dem älteren Objekt.

DIE ZWISCHENABLAGE

Die Befehle „Kopieren“ oder „Ausschneiden“ übertragen einen Bildteil in die Zwischenablage, den Sie zuvor mit Lasso oder Zauberstab ausgewählt haben. Vorsicht allerdings: Beim „Ausschneiden“ entsteht ein Loch in dem Bildteil, den Sie bearbeiten. Die Zwischenablage ist ein Bereich des Arbeitsspeichers, auf den alle anderen geöffneten Programme Zugriff haben. Öffnen Sie ein anderes Bild, oder öffnen Sie einen Text im Textprogramm – die Funktion „Einfügen“ überträgt den kopierten Bildbereich in die aktuelle Datei. Fügen Sie das Bild bei Bedarf auch mehrfach ein.
Die Zwischenablage nimmt jedoch nur einen einzigen Bildbereich auf. „Kopieren“ Sie z. B. einen ausgewählten Absatz im Textprogramm, dann befindet sich nur noch dieser Absatz in der Zwischenablage. Der zuvor kopierte Bildbereich steht nicht mehr in der Zwischenablage zur Verfügung.

DIE EBENEN-PALETTE

Bildprogramme bieten eine „Ebenen-Palette“ oder einen „Objekt-Manager“. Dieses Dialogfeld zeigt alle Montageebenen als Bildminiatur. Sie verlagern hier auch die Montageebenen. Ein Beispiel: Der Hubschrauber soll im Bild vor dem Ballon kreisen und nicht dahinter. Sie ziehen also die Hubschrauberebene in der Ebenen-Palette nach oben, auf die Position vor dem Ballon. Die meisten Befehle und Werkzeuge Ihres Programms wirken sich nur auf die aktive Ebene aus.
Unsere Grafik zeigt die wichtigsten Funktionen der Ebenen-Palette. Im Bild sehen Sie das Ergebnis der Montagereihe (die Ebenenmaske lernen Sie erst auf Seite 76 kennen). Die zahlreichen Befehle der Ebenenpalette erschließen Sie nicht nur über die Schaltflächen und das Palettenmenü; verwenden Sie auch Rechtsklicks oder Doppelklicks in der Palette.

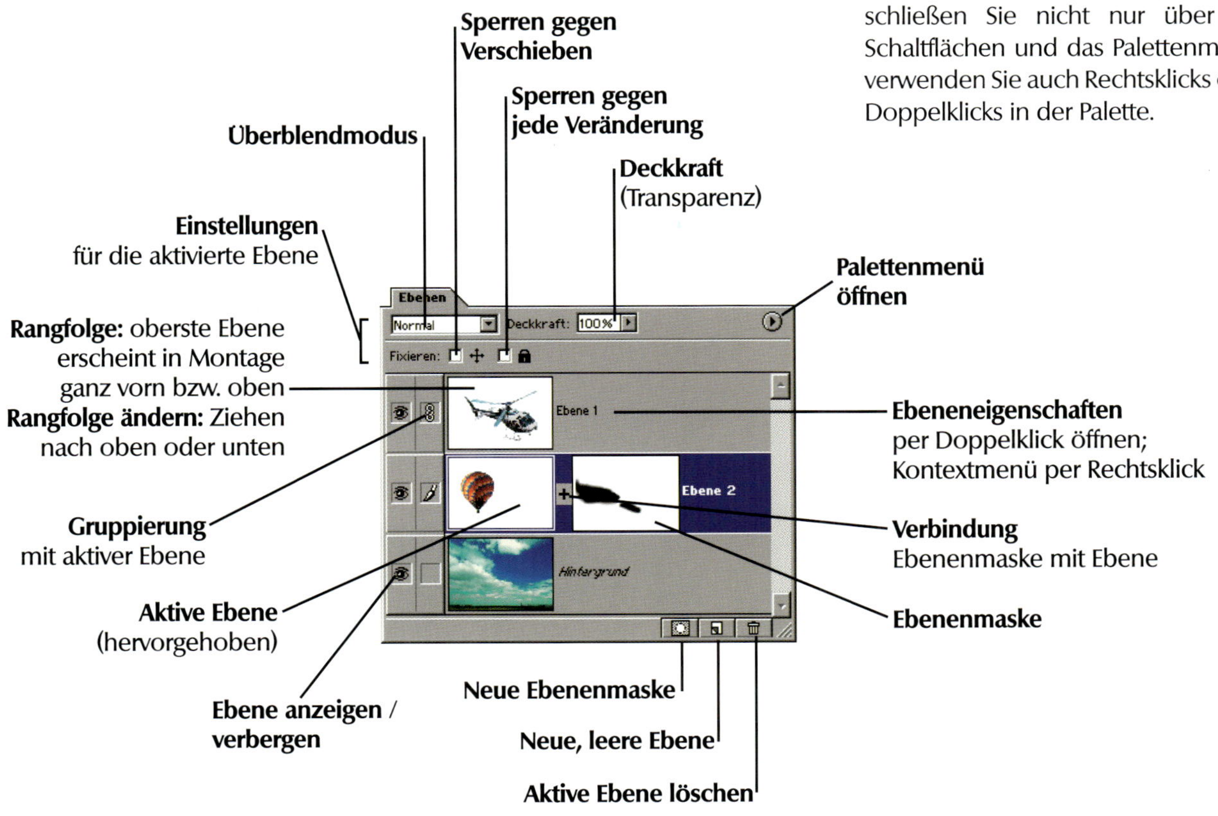

Exakt arrangieren

Wie entsteht eine perfekte Montage? Viele Funktionen helfen Ihnen, alle Ebenen exakt nach Wunsch anzuordnen und zu verteilen.

MONTAGE-EBENEN VERSCHIEBEN

Am einfachsten verschieben Sie Montageebenen mit dem Bewegen-Werkzeug. Allerdings erlaubt diese Funktion nicht immer präzise Manöver. Darum können Sie die Ebenen auch mit den Pfeil-Tasten auf Ihrer Tastatur in kleinen Schrittchen durchs Bild bugsieren. Noch genauer geht es per Dialogfeld: Tippen Sie neue Koordinaten für die Ebene ein, um sie exakt an der gewünschten Stelle zu platzieren.
Oder wollen Sie mehrere Objekte gleichmäßig anordnen? Diese Aufgabe kehrt nicht nur bei Internetseiten immer wieder. Verteilen Sie die Objekte in gleichmäßigem Abstand über das Bild. Oder Sie richten die Ebenen an einer einheitlichen Achse aus, zum Beispiel an der linken Kante der aktiven Ebene.

LINEALE UND HILFSLINIEN

Lineale an den Bildrändern helfen bei der Orientierung. Aus den Linealen heraus ziehen Sie Hilfslinien ins Bild. Diese Linien werden nicht mitgedruckt; sie dienen nur zur Orientierung, um mehrere Ebenen auf einer Höhe anzuordnen oder um einen Horizont auszurichten. Alternativ blenden die Programme ein gleichmäßiges Gitter über das Bild, das auch „Raster" heißt. Die Dichte der Maschen lässt sich ändern.
Für Lineale und Gittermuster verwenden Sie verschiedene Maßeinheiten wie Pixel, Zentimeter oder Prozent. Die Zentimeterangaben auf dem Lineal sind natürlich nicht endgültig: Sie können die Druckmaße jederzeit in der Druckvorschau oder mit dem „Bildgröße"-Befehl ändern (Seite 108). Hilfslinien und Gittermuster wirken nach Wunsch „magnetisch". Die Ebenen docken dann beim Verschieben automatisch an den Linien an – eine ideale Hilfe für aufgeräumte Montagen.

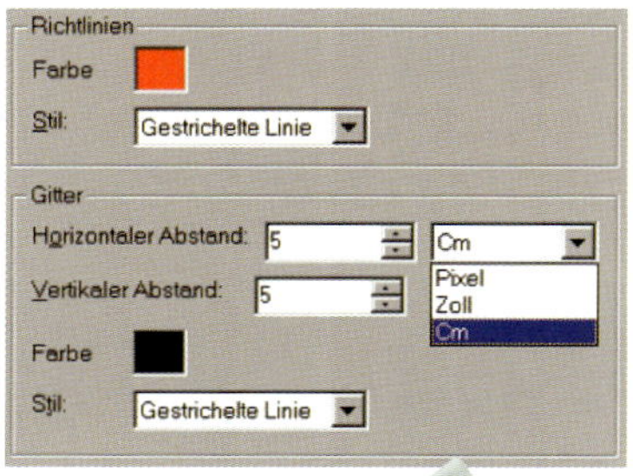

Orientierung: Lineale und Hilfslinien unterstützen beim Aufbau der Montage.

Klein kariert: Bereiche, die keine Bildpunkte enthalten, erscheinen mit Karomuster.

Verborgene Schätze

Auch Montageobjekte, die Sie teilweise aus dem sichtbaren Bereich herausschieben, werden voll mitgespeichert. Sie können die kompletten Objekte jederzeit wieder wohlbehalten ins Bild zurückziehen. Vorsicht jedoch: Wenn Sie mit dem Freistellwerkzeug den Bildrand entfernen (S. 29), dann gehen die Teile der Montageobjekte endgültig verloren, die beim Freistellen außerhalb des Auswahlrahmens lagen.

GRUPPIEREN UND VERSCHMELZEN

Oft möchte man mehrere Ebenen gleichzeitig durchs Bild bewegen. Sie können diese Ebenen darum „gruppieren“ oder „verbinden“. Die Ebenen bewegen sich nun parallel; auch Drehungen oder Verkleinerungen vollziehen die gruppierten Ebenen gemeinsam. Die meisten Menübefehle wie etwa Scharfzeichnen oder Beleuchtungseffekt wirken jedoch nur auf die aktive Einzelebene. Die Gruppierung lässt sich jederzeit aufheben.

Alternativ verschmelzen Sie mehrere Ebenen dauerhaft zu einer einzigen Ebene. Bildteile, die in der Montage nicht sichtbar waren, gehen dabei verloren. Das Verschmelzen bringt Speicherplatzersparnis, und Sie können die vereinigten Ebenen nun mit einem einzigen Filter- oder Korrekturbefehl gemeinsam bearbeiten.

DECKKRAFT UND TRANSPARENTE BEREICHE

Einige Bereiche Ihrer Montage zeigen vielleicht überhaupt keine Bildpunkte. Dies gilt besonders dann, wenn Sie die „Hintergrundebene“ ausgeblendet oder gelöscht haben. Solche völlig leeren, „transparenten“ Zonen erscheinen auf dem Monitor mit Karomuster. Sie erkennen also transparente Bereiche auf den ersten Blick. Die Karos werden natürlich nicht mitgedruckt. Im Ausdruck oder beim Speichern mit Dateitypen wie Tiff oder JPEG ersetzt das Programm die Karos durch Weiß. Sie können die Karos auch als Hilfslinien verwenden.

DER RICHTIGE DATEITYP FÜR DIE MONTAGE

Wollen Sie die Montage nach dem Speichern noch umarrangieren? Dann verwenden Sie einen Dateityp, der die Montageebenen nicht mit dem Hintergrund verschmilzt. Dazu dient vor allem der hauseigene Dateityp Ihres Bildprogramms, zum Beispiel „Paint Shop Pro Image“ mit der Endung „.psp“ im Programm Paint Shop Pro. Um die Collage problemlos an Freunde weiterzugeben oder in einem Textprogramm einzubauen, speichern Sie in Dateitypen wie JPEG oder TIFF. Hier verwachsen allerdings alle Ebenen dauerhaft mit dem Hintergrund, Sie können nichts mehr verschieben (Seite 114).

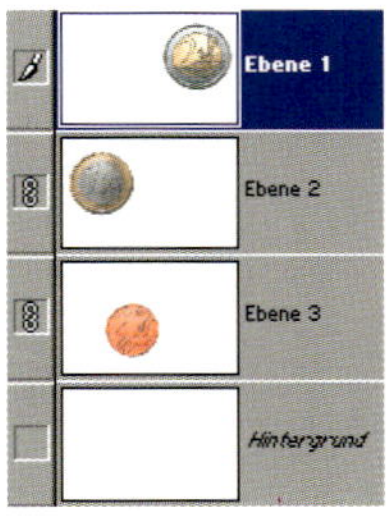

Die Ebenen werden gruppiert, so dass man sie gemeinsam verzerren oder gleichmäßig verteilen kann.

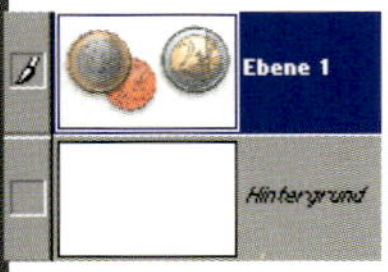

Wollen Sie die Ebenen gemeinsam filtern, müssen sie zu einer Ebene verschmolzen werden.

Proportionen

Fügen Sie neue Ebenen passgenau in Ihre Montage ein. Bearbeiten Sie Größe und Drehwinkel ebenso wie perspektivische Verzerrungen. Eine Besonderheit sind die Ebeneneffekte: Sie peppen Ihr Foto mit plastischen Kanten, Farbfüllungen oder Schatten auf.

EINFACHE ÄNDERUNGEN

Die Größe eines Montageobjekts ist schnell angepasst: Sie starten im Bildprogramm die Funktion, mit der Sie Montageobjekte vergrößern oder verkleinern, und ziehen an den Anfasspunkten. Beachten Sie jedoch: Höhe und Breite verändern sich nicht unbedingt gleichmäßig – möglicherweise ziehen Sie ein Porträt unvorteilhaft in die Breite. Drücken Sie bei Bedarf die Umschalt-Taste, oder klicken Sie eine Schaltfläche an, um die Seitenverhältnisse exakt zu wahren.

Nicht anders funktioniert Drehen oder perspektivisches Neigen: Sie starten die Funktion und ziehen an Anfasspunkten. Das Programm zeigt zunächst eine schnelle, ungenaue Vorschau. Erst wenn Sie doppelt in das Objekt klicken, werden die Korrekturen endgültig berechnet und angewendet.
Änderungen der Größe heißen auch „Skalieren". Eingriffe bei Größe, Drehwinkel oder Neigung fasst man als „Transformieren" zusammen.

Biegen und Wölben

Nicht immer passen die Verzerrungswerkzeuge ein Montageobjekt ideal in die Umgebung ein. Denken Sie daher an Verzerrungsfilter wie „Wölben" oder „Biegen".

DIE QUALITÄT ERHALTEN

Größenkorrekturen, Drehungen oder perspektivische Verzerrungen kosten immer Qualität: Das Programm muss in jedem Fall Bildpunkte herauswerfen oder neu in die Ebene "hineinerfinden". Haben Sie die Ebenen einmal verkleinert, ist die ursprüngliche, hohe Information verschwunden – erneutes Vergrößern bringt den alten Detailreichtum nicht zurück. Besonders stark tritt Unschärfe hervor, wenn Sie eingefügte Objekte deutlich vergrößern. So bewahren Sie ein Maximum an Qualität:

- ➡ Verzerren Sie ein Montageobjekt nur einmal. Wenden Sie wenn möglich Größenkorrektur, Drehung und Neigung in einem einzigen Arbeitsgang an.

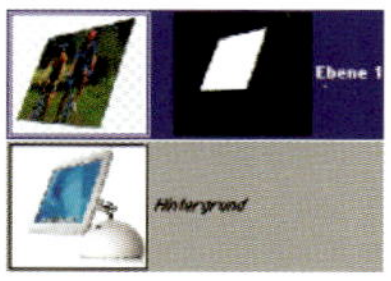

Die Ebenen-Palette zeigt die Montage. Ebene und Ebenenmaske lassen sich unabhängig voneinander bewegen.

Durchblick: Mit wenigen Schritten passen Sie die Perspektive eines Fotos an die Umgebung an.

Proportionen nach Maß: Das Rechteck erzeugt eine Auswahl mit dem Seitenverhältnis eines PC-Monitors. Der Ausschnitt wird in die Zwischenablage kopiert.

- Duplizieren Sie das ursprüngliche Objekt innerhalb der Montage, und blenden Sie die Reservefassung aus. Die Probierversion verzerren Sie nun immer wieder, bis sie passt. Zuletzt wird die Testebene durch die Reserveebene ersetzt; die formen Sie nur einmal exakt nach dem Vorbild der Testebene um.
- Prüfen Sie nach der Korrektur, ob ein Scharfzeichner die Ebene verbessert.

Der Tipp gilt für übliche Bildpunkt-Objekte wie in unseren Beispielen. Text- und Vektor-Objekte (Seite 106) können Sie dagegen ohne Qualitätsproblem beliebig vergrößern. Auch das reine Verschieben einer Ebene tastet die Bildinformation nicht an.

VERLUSTFREIE EINGRIFFE

In den Menüs finden Sie einige Korrekturmöglichkeiten ohne jeden Qualitätsverlust: Dazu gehören Drehungen um 90, 180 und 270 Grad ebenso wie horizontales und vertikales Spiegeln. Hier ist ein Scharfzeichner also überflüssig, und Sie können die Befehle beliebig oft nutzen.
Gelegentlich geben Sie Größenänderungen in den Ebenen-Eigenschaften an. Das Programm zeigt die Ebene dann zwar mit geänderten Maßen; aber im Hintergrund bleibt das unveränderte Original erhalten. Mehrfache Änderungen bereiten also keine Probleme.

EBENENEFFEKTE

Mit den Ebeneneffekten heben Sie die Ebene aus dem Umfeld heraus: Plastische Kanten, Lichthöfe, einfache und verzerrte Schatten gehören zu den typischen Möglichkeiten. Dazu kommen Konturen oder Füllungen mit Farbflächen, Mustern und Verläufen.
Manche Programme erzeugen diese Effekte nur als Ebeneneigenschaft, quasi als Rechentrick: Sie zeigen die Ebene mit plastischen Kanten und Schatten, aber diese Merkmale lassen sich jederzeit abschalten oder verändern – die unveränderte Ebene steht also weiterhin zur Verfügung. Andere Programme bieten eventuell den Schatten als abschaltbare Eigenschaft oder als separate Ebene an. Sie rechnen aber die plastischen Kanten auf die Ebene um. Das Original ist damit verloren. Ergebnisse sehen Sie auf Seite 97.

Wir fügen die Radler in der Sachaufnahme ein. Mit dem Umformen-Werkzeug wird der Ausschnitt grob auf Monitormaße skaliert, ohne das Verhältnis von Höhe und Breite zu verzerren. Wir bestätigen die Änderung noch nicht.

2. Schritt: Wir passen im selben Arbeitsgang den Schnappschuss an die Bildschirm-Perspektive an. Wir wenden die Korrektur immer noch nicht dauerhaft an.

Das perspektivisch korrigierte Foto wird nun gleichmäßig stark vergrößert. Anschließend rechnen wir die Änderung dauerhaft ins Bild und wenden einen Scharfzeichner an.

Die Radfahrerebene wird wieder aktiviert und mit einer Ebenenmaske auf Basis der Auswahl ausgestattet. Nun schieben Sie das Foto mit dem Bewegen-Werkzeug durch die Monitorfläche und probieren verschiedene Größen aus.

Wir blenden die Radfahrer aus, aktivieren die Monitorebene und wählen mit Zauberstab und Lasso die Mattscheibe aus.

Bildteile verbergen

Nicht immer zeigen die Objekte in der Montage den perfekten Bildausschnitt. Vielleicht wollen Sie Details einer Ebene noch verschwinden lassen. Das gilt erst recht, wenn Sie bestimmte Bereiche einer Ebene hinter anderen Objekten zeigen wollen. Einzelne Ebenenteile sollen zum Beispiel zwischen Wolken oder in einem Rahmen zu sehen sein.

EBENENTEILE LÖSCHEN

Zeigt Ihre Ebene völlig überflüssige Details, dann löschen Sie die Bildpunkte dauerhaft weg: Der Radiergummi tilgt die fraglichen Partien per Mausbewegung. Alternativ wählen Sie überflüssige Bildzonen mit Lasso oder Zauberstab aus; ein Druck auf die Entfernen-Taste lässt die gewählten Bildpunkte verschwinden.

Ebenenmaske: Verbergen Sie Teile einer Montageebene, ohne den Bereich endgültig zu löschen.

DIE EBENENMASKE

Die Ebenenmaske wirkt viel raffinierter als der Radiergummi oder die Entfernen-Taste: Die Ebenenmaske blendet einzelne Bereiche einer Ebene aus. Diese Bildteile lassen sich jederzeit wieder anzeigen, sie gehen nicht dauerhaft verloren. Sie können Ihr Objekt sogar stufenlos ein- und ausblenden. Die Ebenenmaske gehört unmittelbar zu einer einzelnen Ebene. Legen Sie zum Beispiel eine neue, weiße Ebenenmaske an; dadurch wird noch nichts verborgen. Das weitere Verfahren erinnert an den Alphakanal (Seite 66):

1. Malen Sie mit Schwarz in der Ebenenmaske, um die darunter liegenden Bereiche der Bildebene zu verbergen. Mit Weiß machen Sie versteckte Zonen wieder sichtbar.
2. Arbeiten Sie mit Schwarzweißverläufen oder Weichzeichnern in der Ebenenmaske, um weiche Übergänge herzustellen.

Achten Sie darauf, dass Sie tatsächlich die Ebenenmaske und nicht etwa die eigentliche Bildebene bearbeiten. Hinweise finden Sie in der Titelzeile des Bildes.

Maskenretusche: Der Pinsel verbirgt mit schwarzer Farbe in der Ebenenmaske das Fahrwerk, ohne es zu löschen. Sie können die Maske als rötlichen Schutzfilm ins Bild einblenden.

ABSCHALTEN UND LÖSCHEN

Sie können die Ebenenmaske abschalten, ohne sie zu löschen. Wie ein Alphakanal lässt sich die Ebenenmaske als rötlicher „Schutzfilm" oder Schwarzweißsilhouette ins Bild blenden und so besonders einfach bearbeiten.

Löschen Sie die Ebenenmaske, wenn Sie Speicher sparen wollen. Wahlweise werden dann die versteckten Bildpunkte dauerhaft entfernt. Die andere Möglichkeit: Nach dem Löschen der Ebenenmaske sehen Sie die zuvor verborgenen Bildteile wieder in vollem Umfang.

Bequeme Maske

Legen Sie Ebenenmasken direkt auf Basis einer vorhanden Auswahl an; je nach Vorgabe zeigt oder verbirgt die Ebenenmaske den zuvor ausgewählten Bildteil.

EBENENMASKEN VERBINDEN

Zunächst ist die Ebenenmaske mit der Ebene verbunden. Ebene und Maske bewegen sich also parallel durchs Bild. Das ist meist sinnvoll so: In unserem Beispiel verbergen wir das geöffnete Fahrwerk des Flugzeugs per Ebenenmaske. Diese Maske sollte sich natürlich mit der Ebene mitbewegen, denn sonst ist das Fahrwerk nach dem Verschieben wieder sichtbar.

Sie können die Verbindung zwischen Maske und Ebene jedoch aufheben. Das bedeutet: Auch wenn Sie die Ebene verschieben, bleibt die Ebenenmaske am ursprünglichen Platz. Das empfiehlt sich, wenn Teile des Flugzeugrumpfs in den Wolken der darunter liegenden Ebene verschwinden sollen. Auch hier blenden wir die Maschine mit einem weichen Pinsel in der Ebenenmaske aus. Allerdings soll sich die Maske nicht mitbewegen: Denn wenn wir die Boeing aus den Wolken in den blauen Himmel verschieben, darf der Rumpf nicht mehr verborgen sein. Also heben wir die Verbindung zwischen Maske und Ebene auf. Wenn Sie nun das Flugzeug bewegen, werden unterschiedliche Bereiche dieses Objekts ausgeblendet – immer an derselben Bildstelle, von derselben Wolke.

Auch bei der Montage im Monitorfenster auf Seite 74 heben wir die Verbindung zur Maske auf; so lässt sich das Foto im Bildschirm verschieben, drehen oder verkleinern. Die Maske verändert sich nicht, sichtbar bleibt immer nur ein Bereich innerhalb des Bildschirms.

BESCHNITTGRUPPEN

Einige Programme bieten zusätzlich die Beschnittgruppe, die auch Maskierungsgruppe heißt. Gleich mehrere Montageebenen erscheinen hier nur innerhalb der Umrisse einer so genannten Basisebene. Zeigen Sie zum Beispiel verschiedene Objekte innerhalb eines Schriftzuges; außerhalb der Lettern bleiben die zugeordneten Ebenen unsichtbar.

Beschnittgruppe: Die Montageobjekte sind nur noch innerhalb der Basisebene sichtbar, hier innerhalb eines Schriftzuges. Wir verwenden zusätzlich Ebeneneffekte für Kontur und Schatten.

Deckkraft

Der Deckkraft-Regler macht Ihr Montageobjekt blass oder durchsichtig. Doch es geht noch raffinierter: Blenden Sie nur einzelne Helligkeitsbereiche aus, zum Beispiel nur das Papier-Weiß. Experimentieren Sie nach Lust und Laune, denn diese Änderungen können Sie jederzeit zurücksetzen.

STEUERN SIE DIE DECKKRAFT

Mit dem Regler für Deckkraft oder Transparenz machen Sie Ihr Montageobjekt nach Bedarf blasser, der Hintergrund scheint durch. Diese Mischung der aktuellen Ebene mit dem Hintergrund ist allerdings nicht immer optimal – testen Sie zusätzlich verschiedene Überblendmethoden (Seite 80).

HELLIGKEITSBEREICHE AUSBLENDEN

Blenden Sie einzelne Helligkeitsbereiche der aktiven Montageebene aus. Verbergen Sie zum Beispiel weißes Zeitungspapier, während die schwarze Schrift sichtbar bleibt. Außerdem können Sie dafür sorgen, dass Helligkeitsstufen der darunter liegenden Ebenen auf jeden Fall im Gesamtbild zu erkennen sind. Wir blenden in unserem Beispiel die weißen Wolken der Hintergrundebene ein, obwohl sie sich unter der Zeitung befinden.
Die erforderlichen Regler finden Sie in den Ebenen-Eigenschaften. Klicken Sie dazu in der Ebenen-Palette doppelt auf den Namen der Ebene.

Bild und Text: Einzelne Helligkeitsbereiche werden gezielt ausgeblendet oder betont.

Wir blenden die hellen Bereiche der aktiven Ebene aus; das Zeitungspapier verblasst.

Die helleren Teile der darunter liegenden Ebene werden eingeblendet, so dass die Wolken hervortreten.

Deckkraft nach Maß

Wollen Sie verschiedene Deckkraft-Werte in einzelnen Partien einer Ebene einrichten, dann arbeiten Sie mit Graustufen in einer Ebenenmaske (Seite 76). Wenden Sie Deckkraft-Regler, Ebenenmaske, verschiedene Überblendmethoden und das Verbergen von Helligkeitsbereichen auch gemeinsam an.

WEICHE ÜBERGÄNGE

In unserer Montage liegt das Zeitschriftenmotiv als „Ebene 1“ über einem Wolkenfoto auf der Hintergrundebene. Um das Papier-Weiß der Ebene 1 auszublenden, verwenden wir den Bereich „Diese Ebene“. Die Regler ganz rechts am Graustufenbalken steuern die hellen Bildpunkte. Wir schieben diese Regler nach innen – schon verschwindet das unbedruckte Zeitungspapier, nur die Überschriften bleiben sichtbar.
Allerdings wirkt der Übergang zu schroff: Zwischen Buchstaben und Wolken darunter entsteht eine sehr harte Kante. Wir bearbeiten das Problem mit dem unteren Regler für die hellen Bildtöne. Hier richten wir einen Helligkeitsbereich ein, der nur halb ausgeblendet wird. Im Dialogfeld erscheint danach die Angabe „160/200“. Das heißt:

- ➡ Die allerhellsten Bildpunkte mit den Helligkeitswerten von 255 (reines Weiß) bis 201 verbannen wir komplett.
- ➡ Bildpunkte mit den Werten von 200 bis 161 erscheinen nur halbtransparent; je heller die Bildpunkte, desto mehr verblassen sie.
- ➡ Nur Bildstellen mit Werten von 160 bis 0 (tiefes Schwarz) sehen Sie im Gesamtbild mit voller Intensität.

DIE DARUNTER LIEGENDE EBENE

Nutzen Sie auch den Regler für die „darunter liegende Ebene“. Wir stellen die aktive Ebene so ein, dass sich die Wolken und Lichtreflexe der unteren Ebene über die Zeitungslettern legen. Die Angabe „180/210“ bedeutet hier:

- ➡ Die hellsten Bildpunkte von 255 bis 211 sehen Sie mit voller Deckkraft in der Montage. Sie überlagern die darüber liegende Zeitungsebene komplett.
- ➡ Bildpunkte mit den Werten von 210 bis 181 setzen sich nur mit reduzierter Kraft durch – je dunkler, desto schwächer.
- ➡ Die dunkleren Bereiche von 180 abwärts haben keine Priorität. Sie sind höchstens sichtbar, wenn Sie an derselben Stelle darüber die Zeitungen ausblenden.

Über den Wolken: Die dunkleren Bereiche der Cumulus-Ebene werden ausgeblendet.

Durchsichtige Angelegenheit: Wenn Sie die Deckkraft senken, scheinen darunter liegende Ebenen durch.

Überblenden

Bildbearbeitungsprogramme bieten viele Verfahren, um Montageebenen ineinander zu blenden – weit mehr als nur das Spiel mit dem Deckkraft-Regler. Raffinierte Farbberechnungen mischen Ihre Montageebenen zu reizvollen Zwischenbildern.

Wir wählen das Hauptmotiv mit dem Lasso bei weicher Auswahlkante aus.

Eine Ebenenmaske auf Basis der Auswahl verbirgt den Rand – mit weichem Übergang.

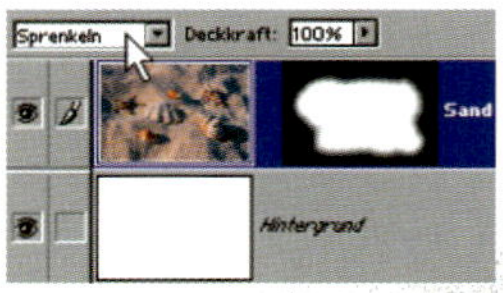

In der Ebenen-Palette stellen wir auf „Sprenkeln“ um.

SO GEHT'S

Legen Sie eine Montageebene über der „Hintergrundebene“ an. Sie hat zunächst stets den Überblendmodus „Normal“. Dann stellen Sie in der Ebenen-Palette die Überblendmethode um, zum Beispiel auf „Sprenkeln“ oder „Hartes Licht“. Nun mischen sich die Farb- und Helligkeitswerte der übereinander liegenden Ebenen, Sie erhalten Überlagerungen wie bei einer Doppelbelichtung oder beim Malen mit Wasserfarben. Experimentieren Sie zusätzlich mit der Deckkraft, oder blenden Sie einzelne Helligkeitsbereiche aus (Seite 78).

Diese Änderungen lassen sich ohne jeden Verlust aufheben. Die Originalebene bleibt stets unverändert erhalten. Wechseln Sie einfach zurück zum Überblendmodus „Normal“ mit 100 Prozent Deckkraft: Sie sehen wieder die ursprüngliche Ebene.

Überblendmodi heißen auch Misch- oder Füllmethoden. Wir stellen die wichtigsten Verfahren vor. Weitere Beispiele sehen Sie auf den Seiten 36, 53, 54, 85, 95 und 99.

MALEN UND FÜLLEN

Die gleichen Überblendverfahren wie bei der Montage bietet Ihr Programm auch für Malwerkzeuge oder Farbverlauf. Setzen Sie jedoch einen Farbverlauf mit einem speziellen Überblendmodus nicht direkt in die Hintergrundebene. Legen Sie das Farbspiel lieber auf eine neue, leere Ebene, und experimentieren Sie dort mit verschiedenen Überblend-Techniken.

SPRENKELN

Der Überblendmodus „Sprenkeln“ streut Ihre Montageebene pünktchenförmig über den Hintergrund. Je stärker Sie die Deckkraft senken, desto lockerer verteilen sich die Bildsplitter. Interessant ist diese Methode in Verbindung mit einer Ebenenmaske (Seite 76): Blenden Sie einen Bildteil per Graustufenverlauf in der Maske langsam aus. Der Modus „Sprenkeln“ sorgt nun dafür, dass sich das Objekt in zunehmend dünner gestreute Bildkörnchen auflöst (Bild unten).

Streusand: Der Überblendmodus „Sprenkeln“ löst die Ränder der Ebene in Splitter auf.

ABDUNKELN

Beim „Abdunkeln“ setzen sich nur die dunkleren Bildpunkte durch. Zum Beispiel montieren Sie mehrere Schwarzweißgrafiken oder gescannte Unterschriften nebeneinander. Per „Abdunkeln“ sorgen Sie dafür, dass die weißen Papierränder nicht die nächste Grafik überdecken. Die schwarzen Striche bleiben stets voll sichtbar, auch wenn ein Stück weißes Papier darüberliegt.

Umgekehrt wirkt der Modus „Aufhellen“: Im Gesamtbild sehen Sie nur die helleren Bildpunkte; mit diesem Verfahren montieren Sie Feuerwerk oder Neonschrift in eine dunkle Umgebung, ohne dass Sie etwas auswählen müssen. Ein Beispiel liefert unser Bild unten.

MULTIPLIZIEREN

Das „Multiplizieren“ vervielfacht die Helligkeitswerte der oberen und unteren Ebene. Insgesamt erhalten Sie stets eine Abdunklung – als ob Sie mit Filzstiften übereinander malen, oder als ob Sie zwei Dias übereinander kleben. Nutzen Sie diesen Modus auch, wenn Sie einen grauen oder schwarzen Schatten auf einer eigenen Ebene anlegen.

Das Gegenteil bewirkt der Modus „Negativ multiplizieren“, der auch „Bildschirm“ oder „Raster“ heißt: Das Bildprogramm verrechnet die Helligkeitswerte stets zum Helleren hin – als ob zwei Lampen übereinander strahlen, als ob Sie zwei Dias übereinander projizieren oder eine Doppelbelichtung auf Film aufnehmen.

Brillant:
Im Modus „Aufhellen“ setzen sich die hellen Bereiche der Ebene vor dunklem Hintergrund durch.

HARTES LICHT

Die Methode „Hartes Licht“ wirkt ähnlich wie eine Kontrastanhebung: Helle Partien werden heller. Dunklere Zonen sinken weiter ab, während Neutralgrau im Gesamtbild unsichtbar bleibt. Eine abgeschwächte Variante heißt „Weiche Licht“.

FARBTON

Das „Farbton“-Verfahren überträgt nur die Farbwerte der aktiven Ebene ins Gesamtbild; Helligkeit und Farbsättigung bleiben dagegen unverändert. Das bedeutet: Die Strukturen und Konturen der unteren Ebene ändern sich nicht – Sie färben Ihr Motiv nur mit den Farbwerten der oberen Ebene ein. Damit bringen Sie neue Farben oder Farbverläufe in ansonsten unveränderte Bilder.

Wirkt die Einfärbung noch zu schwach, testen Sie das Verfahren „Farbton und Sättigung“ beziehungsweise „Farbe“; das gilt auch für Bilder, die nur Graustufen oder sehr blasse Farben enthalten.

Umgekehrt funktioniert „Helligkeit“: Diese Methode überträgt nur die Hell-Dunkel-Strukturen der aktiven Ebene ins Gesamtbild. Dagegen ändern sich die Farbwerte der darunter liegenden Ebene nicht. Mischen Sie zum Beispiel Stoff- oder Wasseroberflächen in die Gesamtansicht.

Schnelle Wirkung

Suchen Sie eine Überblendmethode, die Ihre Montage auffrischt und belebt? Dann probieren Sie „Hartes Licht“, „Farbig abwedeln“ und „Farbig nachbelichten“.

Text

Innerhalb Ihrer Fotomontage sind auch Schriftzüge möglich – vom Urlaubsgruß bis zum Copyright-Hinweis. Mit dem Textwerkzeug entstehen reizvolle Mischungen aus Bild und Wort, die Sie so mit einem Textprogramm nicht hinbekommen. Beachten Sie jedoch die Besonderheiten.

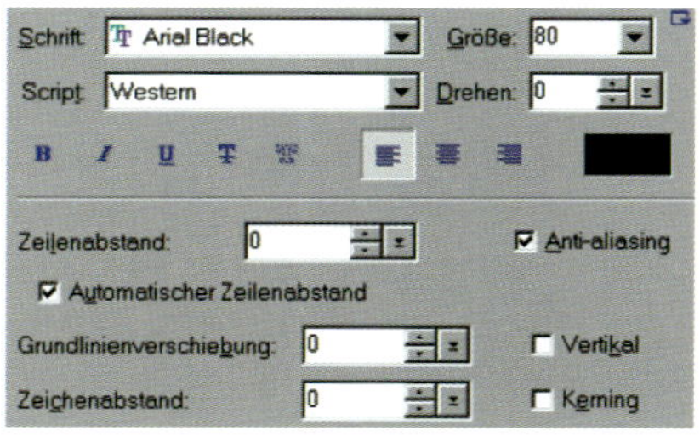

Einstellungssache: Mit der Textfunktion steuern Sie Schriftart, Größe, Zeilenabstand und Farbe.

VOR- UND NACHTEILE

Nutzen Sie die Textfunktion Ihres Bildprogramms gezielt. Das Textwerkzeug eignet sich vor allem für kurze Überschriften und einzelne Wörter – besonders dann, wenn Sie die Lettern noch grafisch bearbeiten wollen.

Planen Sie dagegen längere Absätze voller kleiner Buchstaben, verzichten Sie möglichst auf Ihr Bildprogramm. Speichern Sie stattdessen Ihre Montage ohne Text, dann laden Sie das Foto in einem Grafik- oder Textprogramm und legen dort den Wortlaut über das Motiv.

Längere Sätze lassen sich im Textprogramm nicht nur einfacher bearbeiten; auch die Qualität im Druck wird in der Regel besser. Das gilt besonders für kleine Buchstaben. Die meisten Programme umbrechen Ihren Text nicht automatisch in mehrere Zeilen; stattdessen müssen Sie Zeile für Zeile neu von Hand anlegen.

DER TEXTMODUS ...

Der Schriftzug erscheint als eigenes Objekt in der Ebenen-Palette zwischen den weiteren Ebenen einer Montage. Das Programm baut die Schrift zunächst nicht aus einzelnen Bildpunkten auf, sondern aus Vektor- und Textdaten (Seite 106). Ihr Schriftzug befindet sich also noch im Textmodus. Sie haben hier eine Reihe von Korrekturmöglichkeiten, bei denen Ihr Textobjekt stets die volle Qualität behält, die Kantenschärfe nimmt nicht ab:

- ➡ Ändern Sie jederzeit wie in einem Textprogramm Schriftart, Größe, Farbe, Buchstabenabstand oder Wortlaut.
- ➡ Testen Sie verschiedene Dreh- oder Neigungswinkel.
- ➡ Experimentieren Sie frei mit Farbe, Deckkraft und Überblendverfahren. Teilweise sind auch plastische Kanten, Schatten oder Füllungen mit Mustern und Farbverläufen möglich.

Aussichtsreich:
Mischen Sie Text und Bild nach eigenem Geschmack.

Glatte Sache: Die Vergrößerung zeigt die Textkonturen mit und ohne Kantenglättung.

Reserve-Lettern

Wenn Sie einen Schriftzug rastern, können Sie die Texteigenschaften nicht mehr verändern, und die Kantenschärfe geht bei der weiteren Bearbeitung eventuell verloren. Legen Sie also vor dem Rastern ein Duplikat der Textebene an, und speichern Sie es ausgeblendet innerhalb der Montage. Auf diese Reservefassung greifen Sie zurück, falls der gerasterte Schriftzug nach mehreren Experimenten entstellt ist.

DER PIXELMODUS

Einige Korrekturmöglichkeiten bleiben Ihnen verwehrt, solange Sie im Textmodus arbeiten: Vielleicht möchten Sie Ihren Slogan per Verzerrungsfilter in Schwingungen versetzen oder mit einem Beleuchtungseffekt beleben – das geht nicht, solange Sie die Ebene noch im Textmodus bearbeiten.

Verwandeln Sie Ihr Textobjekt in eine ganz normale Bildpunktebene, „rastern" oder „rendern" Sie also Ihre Textebene. Nun haben Sie alle Korrekturmöglichkeiten wie bei anderen Objekten der Montage auch: Bearbeiten Sie Ihre Lettern mit Effekten, Auswahl-Werkzeugen oder Pinseln. Die typischen Textfunktionen stehen Ihnen jedoch nicht mehr zur Verfügung, etwa Änderungen bei Schriftart oder Buchstabenabstand. Und: Wenn Sie nun die Ebene drehen oder vergrößern, kann die Kantenschärfe leiden. Gestalten Sie die Ebene also noch im Textmodus so perfekt wie möglich.

KANTENGLÄTTUNG

In der Regel sollten Sie für Ihre Textobjekte das „Glätten" einschalten, das auch „Anti-Aliasing" heißt (Seite 64). Das „Glätten" macht die äußersten Ränder der Buchstaben halb durchsichtig und sorgt so für einen geschmeidigen, aber nicht aufgeweichten Übergang zur Umgebung. Sie vermeiden allzu harte oder auch ausgezackte Kanten, die wie aufgeklebt aussehen.

Nur bei sehr kleinen Lettern verzichten Sie eventuell auf die Kantenglättung – feine Konturen gehen sonst eventuell unter. Prüfen Sie die Darstellung kleinerer Buchstaben unbedingt in der Zoomstufe 100 Prozent (Seite 20) und per Probedruck, bevor Sie Ihr Textobjekt für ein wichtiges Projekt verwenden.

Auflösungserscheinung: Nach mehrfachem Drehen wirkt der Rand der gerasterten Textebene (rechts) angefressen.

Vielsagend: Gestalten Sie auffällige Schriftzüge und Einladungen.

Schriftzüge mit Pep

Schlichte schwarze Schrift ist langweilig. Legen Sie raffinierte, verblüffende Textobjekte an, mischen Sie gekonnt Text und Bild – so transportieren Sie Ihre Botschaft mit starkem Aufmerksamkeitswert. Lassen Sie die Schrift aus dem Bild herauswachsen, versetzen Sie Ihre Zeilen in Schwingungen, oder produzieren Sie Textobjekte aus Stein und Holz. Weitere Textideen sehen Sie auf den Seiten 77 und 96.

DIE RICHTIGE SCHRIFTART

Vorsicht: Die dünnen Beinchen der filigraneren Schriften gehen in der Montage allzu leicht unter – vor allem beim Verzerren. Am besten eignen sich breit laufende Schriftarten wie die verbreitete „Arial Black". Solche Schriften (auch „Fonts" genannt) bieten zudem viel Platz für eine Bildfüllung. Schalten Sie noch die Texteigenschaft „fett" dazu.

Einprägsam: Mit dem richtigen Überblendverfahren stanzen Sie Ihre Schriftzüge in das Bild.

EXTRABREITE LETTERN

Sie können die Schriften noch breiter ausdehnen, als es die Gestalter einst vorgesehen haben – das betont Ihre Botschaft und bietet mehr Platz für eine Bildfüllung. Wenn Sie unsere Vorschläge nachvollziehen wollen, legen Sie einen schwarzen Schriftzug an, den Sie anschließend rastern; Sie können dann Texteigenschaften wie die Schriftart nicht mehr korrigieren. Am schnellsten wirkt nun der Befehl „Dunkle Bereiche vergrößern", doch Sie haben noch mehrere Möglichkeiten:

- Selektieren Sie die Schrift mit dem Zauberstab, diese Auswahl dehnen Sie dann zum Beispiel um 20 Bildpunkte aus. Nun füllen Sie den ausgewählten Bereich mit Schwarz.
- Wählen Sie die Schrift mit dem Zauberstab aus, der Befehl „Kontur füllen" legt dann schwarze Farbe nur über den Auswahlrahmen.
- Soften Sie nun die Schrift mit dem „Gaußschen Weichzeichner" kräftig ab. Anschließend machen Sie die mittelgrauen Bildpunkte dunkler, zum Beispiel mit den Korrekturbefehlen „Helligkeit/Kontrast" oder „Gradationskurve" (Seite 32). Für diesen Weg verschmelzen Sie Ihre schwarzen Lettern zunächst mit einer weißen Ebene darunter.

Wenn Sie die Schriftzüge mit dem Zauberstab auswählen, achten Sie auf die geglätteten Kanten – hier verändert sich die Textfarbe deutlich. Erhöhen Sie die Zauberstabtoleranz (Seite 60) so weit, dass Sie auch den Textrand mit erfassen. Alternative: Sie wählen die Umgebung des Texts mit niedriger Toleranz und kehren die Auswahl um.

PLASTISCHE WIRKUNG

3D-Effekte verzieren Ihren Schriftzug mit knackigen Kanten, mit Schatten und Lichthöfen (Seite 74). Damit heben Sie die Lettern deutlich aus der Umgebung heraus. Besonders interessant: Stanzen Sie den Schriftzug direkt in das darunter liegende Motiv ein. Ihre Worte erheben sich aus dem Sand von Hawaii oder aus jedem anderen Material. So bauen Sie die Schrift nach, wie sie auf unserer Maui-Postkarte erscheint:

- Sie legen eine normale Textebene an, die Sie neutralgrau färben.
- Wenden Sie die gewünschten 3D-Effekte auf die Ebene an.
- Schalten Sie um zum Überblendverfahren „Hartes Licht".

Damit verschwindet die graue Textfüllung. Sichtbar bleiben nur die hellen und dunklen Kanten – sie wachsen scheinbar direkt aus dem Strand heraus.

GEFÜLLTE BUCHSTABEN

Viele Bildprogramme bieten für Ihr Textobjekt nicht nur Einzelfarben an: Nutzen Sie auch die Farbverläufe oder Muster, die Sie zudem jederzeit austauschen können. Alternativ zaubern Sie diese Füllungen als „Ebeneneffekt" auf die Lettern. Noch eine Möglichkeit: Rastern Sie die Ebene, wählen Sie die Buchstaben aus, und arbeiten Sie nun mit Farbverläufen oder Mustern.
Oder füllen Sie Ihren Slogan mit einem kompletten Bild. Besonders elegant lösen Sie diese Aufgabe mit einer Beschnittgruppe (Seite 77). Alternativ legen Sie die Buchstabenebene über Ihr Foto und wählen die Buchstaben mit dem Zauberstab aus. Dann aktivieren Sie die Ebene mit dem Foto und verwandeln die textförmige Auswahl in ein neues, unabhängiges Objekt.

GESCHMEIDIGE WORTE

Filter wie „Wölben" oder „Schwingungen" biegen Ihre Lettern und verstärken die plastische Anmutung der 3D-Effekte. Perspektivkorrekturen passen die Worte an Hintergrundmotive an. Einige Programme liefern auch vorgefertigte Verzerrungen für Textobjekte mit. Für die Maui-Postkarte haben wir eine Fischform ausgewählt, aber Sie erhalten auch Fahnen, Rundbögen oder Spiralen für längere Sätze.
Manche Programme lassen die Lettern auch auf einer unregelmäßigen Grundlinie passend zum Foto entlangwandern: Ihr Schriftzug folgt zum Beispiel dem Umriss einer Bergkette oder einer geöffneten Hand. Sie erstellen hier zunächst eine Linie, die Sie dann dem Textobjekt zuordnen. Anschließend blenden Sie die Linie aus.

Natürliche Werkstoffe: Gestalten Sie Ihre Textobjekte mit Naturmaterialien.

Anpassungsfähig: Der Text folgt den Konturen im Foto.

7

Spezialeffekte

Verwandeln Sie Ihre Motive in spannende Hingucker. Es gibt nichts, was es nicht gibt, Verfremdungen aller Art gehören zum Programm - von Flutlichtstrahlern zum Zoomeffekt, vom knackigen Bildrand bis zur Van-Gogh-Aufmachung.

7

Blickfang pur

Zahllose Effektbefehle verfremden Ihr Bild auf unterschiedlichste Art. Diese so genannten „Filter“ zeigen Ihr Bild mit ein, zwei Klicks als Grabstein, als zerknülltes Altpapier oder als Schnitzarbeit. Die besten Ergebnisse erhalten Sie, wenn Sie Ihre Motive sorgfältig vorbereiten und mehrere Funktionen geschickt kombinieren. Auf den folgenden Seiten lernen Sie die wichtigsten Tricks und Funktionen kennen.

NICHTS IST UNMÖGLICH

Sie haben die Wahl: Rollen Sie Ihr Bild auf wie ein Blatt Papier, oder zeigen Sie es durch ein Kaleidoskop; versengen Sie die Bildränder, lassen Sie es schneien, regnen oder blitzen. Einige der wichtigsten Möglichkeiten lernen Sie auf den nächsten Seiten noch genauer kennen – darunter Beleuchtung, Zoomeffekt und Nostalgie-Aufmachung.

Sparsam filtern

Verzerrungen erzeugen oft eine leichte Weichzeichnung. Verwenden Sie also Verzerrer-Filter nicht wiederholt im selben Bild. Prüfen Sie zudem, ob Scharfzeichnen das Ergebnis verbessert.

KÜNSTLERISCHES

Viel Phantasie zeigen die Programmierer bei der künstlerischen Verfremdung: Vom Ölbild bis zum Aquarell, von der Kreidezeichnung bis zum Buntstift-Filter reicht das Angebot in den Untermenüs. Verwenden Sie anschließend weitere Funktionen: Ziehen Sie eine Papier- oder Leinwandstruktur ins Bild, korrigieren Sie Farbton und Sättigung. Alternativ verwenden Sie künstlerische Pinsel; sie tragen Einzelfarben oder komplette Originalfotos mit der Anmutung von Wasserfarbe, Filzstiften oder Kohle auf.

Formsache:
Durch Ziehen am Maschengitter gestalten Sie das Objekt um.

Kubismus oder Wasserfarbe:
Ihre Motive lassen sich in viele Stilrichtungen verändern.

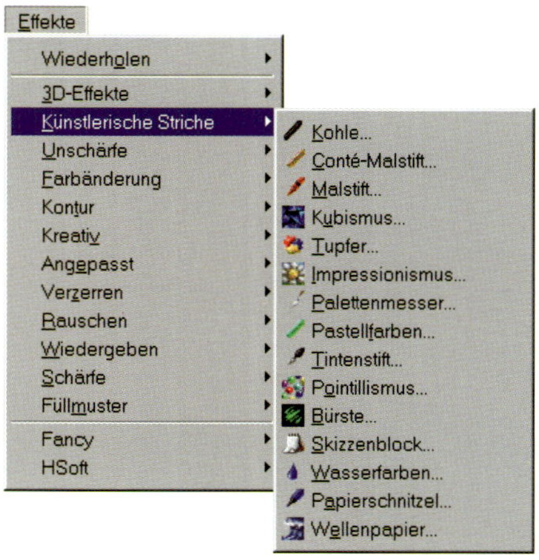

VERZERRUNG

Die Verzerrer-Filter verändern die Bildproportionen. Versetzen Sie ein Motiv in Schwingungen, oder passen Sie Ihr Bild der Wölbung einer Flasche oder Litfaßsäule an. Legen Sie ein Gitternetz über Ihr Foto, und stauchen oder dehnen Sie einzelne Bildzonen nach Belieben durch Ziehen an den Maschen. So formen Sie auch Körperproportionen um. Dazu kommt der Gummipinsel, der Ihr Motiv wie Knetmasse auf dem Schirm verformt.

GEWUSST WIE

Mit gezielter Anwendung aller Funktionen kommen Sie schneller zu guten Ergebnissen. So geht's:

- ➡ Optimale Vorbereitung: Bei vielen Farb- oder Grafikeffekten sollten Sie vorab Sättigung, Kontrast oder Schärfe anheben.
- ➡ Strukturen richtig darstellen: Einige Filter rechnen komplexe Verzerrungen oder Feinstrukturen ins Bild. Prüfen Sie das Resultat in der Zoomstufe 100 Prozent (Seite 20).
- ➡ Weitere Bearbeitung: Verschieben Sie den Farbton, steigern Sie Kontrast oder Sättigung, oder wenden Sie noch einen Filter an. Rechnen Sie zum Beispiel eine Textilstruktur in eine malerische Verfremdung.
- ➡ Speicherplatz sparen: Einige Filter erzeugen einen reinen Schwarzweißeindruck; dazu zählen Fotokopie- oder Raster-Filter. Wollen Sie das Ergebnis nicht mehr mit Farbe bearbeiten, verwandeln Sie das Bild in den Speicher sparenden Graustufenmodus (Seite 111).
- ➡ Schneller Aufruf: Sie müssen nicht immer in Untermenüs nach Ihren Effekten kramen. Einige Programme bieten die letzten Filter-Befehle bequem ganz oben im Hauptmenü. Manchmal ruft schon ein Tastendruck den letzten Filter erneut auf.

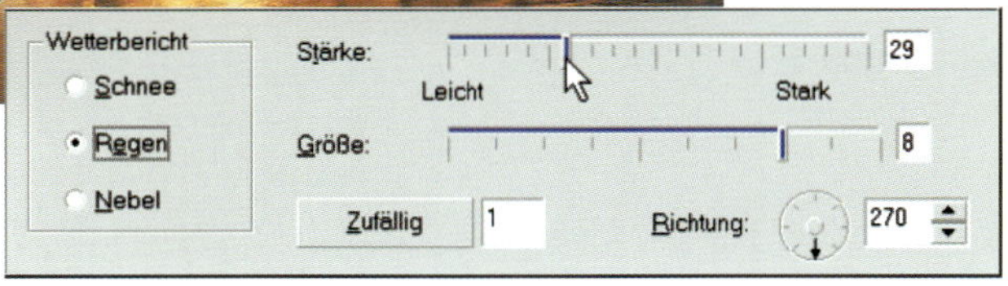

Wie war das Wetter: Bildprogramme bieten die freie Auswahl. Die Papierrolle blättert das Motiv auf.

Tipps und Tricks

Die meisten Effekt-Befehle lassen sich mühelos einsetzen. Doch mit den richtigen Tipps und Tricks holen Sie noch mehr heraus. Das gilt für die eingebauten Filter der Bildprogramme wie auch für Plug-ins von Fremdherstellern.

DER RGB-MODUS

Manchmal funktionieren Effekt-Funktionen nicht korrekt, sie starten nicht oder werden erst gar nicht angeboten. Prüfen Sie in diesen Fällen den Farbmodus Ihrer Bilddatei (Seite 112). Farbmodi wie CMYK, Acht-Bit-Farbe oder Graustufen eignen sich oft nicht für Effekt-Filter. Das heißt zum Beispiel auch, dass GIF-Dateien mit der obligatorischen Acht-Bit-Farbe Probleme bereiten. Verwandeln Sie daher alle Vorlagen in den universell nutzbaren RGB-Modus mit 24 Bit Farbtiefe.

SINNVOLL TESTEN

Einige Effekt-Filter beanspruchen sehr lange Rechenzeiten, speziell bei größeren Dateien. Besonders der Zoom-Effekt lässt sich viel Zeit. Testen Sie darum die Wirkung zunächst an einer kleineren Variante – entweder an einem kleinen Bildaussschnitt oder an einer heruntergerechneten Gesamtansicht.

Wenn Ihr Filter gleichmäßig über das ganze Bild hin die Feinstruktur manipuliert, dann wählen Sie einfach einen kleinen Bildausschnitt mit dem Rechteck-Werkzeug aus; dies gilt etwa für Rastermuster, Schnee und Regen oder Hintergrundstrukturen.

Andere Effekte erzeugen ein einzelnes Hauptmerkmal, keine Feinstruktur – zum Beispiel Blitze, Flutlicht, Gegenlichtreflexe oder viele Verzerrungen. Testen Sie diese Funktionen an einer verkleinerten Gesamtansicht. Prüfen Sie nach dem Test am größeren Originalbild jedoch genau, ob der Effekt tatsächlich die erwarteten Ergebnisse bringt.

Schwungvoll: Verzerrer und Bewegungsunschärfe beleben diese freigestellte Startfahne. Achten Sie darauf, dass Ihre Vorlage genug Ausdehnungsfläche bietet.

Malen mit Effekt

Sie müssen nicht unbedingt das komplette Bild mit einem künstlerischen Effektbefehl bearbeiten. Manche Pinsel tragen gleich so rauh und unregelmäßig wie Kreide oder Wasserfarbe auf. Per Kopierpinsel tuschen Sie dabei auch ein vorhandenes Foto in ein neues, leeres Bildfenster.

MEHR PLATZ SCHAFFEN

Wenn Sie Wölbungen in Ihr Bild rechnen, reißt der Effekt eventuell hart an der Bildkante ab. Mehr Raum für ausdehnende Verfremdungen schaffen Sie mit dem „Arbeitsfläche"-Befehl. Auch wenn Sie einen Bildbereich auswählen, achten Sie bei Verzerrern auf eine geräumige Auswahl.

Wichtig bei Verzerrungen in Montageebenen: Der durchsichtige Bereich einer Ebene muss für die Bearbeitung freigegeben sein – heben Sie also den Transparenzschutz auf.

GUTE MISCHUNG

Einige Effekte bieten einen speziellen Regler, der die unveränderte Vorlage stufenlos ins Ergebnisbild rechnet. So blenden Sie Verfremdung und Original ineinander. Doch wenn Sie das ursprüngliche Motiv mit ins Ergebnis mischen wollen, geht es auch flexibler:

1. Duplizieren Sie das Bild auf eine neue Montageebene innerhalb derselben Datei, so dass es zweimal vorhanden ist.
2. Bearbeiten Sie die obere Ebene mit dem Effekt.
3. Machen Sie die gefilterte Version mit dem Deckkraft-Regler halb durchsichtig – nun scheint die ursprüngliche Fassung Ihres Bildes im Gesamtergebnis durch.

Zusätzlich können Sie mit Überblendverfahren wie „Hartes Licht" experimentieren; verbergen Sie einzelne Bereiche der gefilterten Ebene per Ebenenmaske (Seite 76). Wenn Sie zufrieden sind, verschmelzen Sie beide Ebenen zu einer.

Schritt für Schritt:
Das Landschaftsbild wird erst mit „Ölfarben" bearbeitet, danach folgt die Grundierung.

Bewegung

Mit Zoomeffekt und Bewegungsunschärfe zaubern Sie Dramatik und Action in Ihre Aufnahmen. Scheinbar eingefrorene Motive zeigen plötzlich Bewegung.

VERZERRUNG MIT ZOOM UND KREISEL

Der Zoomeffekt heißt auch „Radialer Weichzeichner". Das Ergebnis erinnert an ein Zoomobjektiv, dessen Brennweite Sie während der Belichtung verstellen: Die Unschärfe geht strahlenförmig von einem Zentrum aus, das Sie frei platzieren. Vor allem Sportfotografen nutzen diesen dramatischen Effekt – er signalisiert Spannung und Tempo und zieht den Betrachter förmlich in das Motiv hinein. Ein weiteres Beispiel sehen Sie auf Seite 98.

Dagegen lässt der „kreisförmige Weichzeichner" die ausgewählten Bildteile scheinbar rotieren. Autoreifen, Rotor- und Propellerblätter bringen Sie mit diesem Filter in Schwung.

RASANTE BEWEGUNGSUNSCHÄRFE

Auch die Bewegungsunschärfe imitiert ein Phänomen aus der Fotografie: Die Unschärfespuren erinnern an eine Kamera, die Sie bei der Aufnahme parallel zum Darsteller bewegen; der Hintergrund verwischt streifig. Alle Filter senken zwangsläufig den Kontrast des Originals; die Ergebnisse wirken eventuell weniger brillant.

Und es hat Zoom gemacht: Der Zoomeffekt bringt Dynamik in Ihre Schnappschüsse.

Hier wirkt der Zoomeffekt auf das Gesamtbild. Die Funktion entstellt jedoch auch die Gesichter.

Am Originalbild erzeugen wir mit dem Lasso eine Auswahl um die Personen herum.

Die Auswahl wird umgekehrt, die Zoomfunktion kann nur noch den Hintergrund verfremden.

SCHÜTZEN SIE DAS HAUPTMOTIV

Vorsicht: Zoomeffekt und Bewegungsunschärfe verwischen zunächst das komplette Bild; auch Ihre Hauptdarsteller verschwimmen bis zur Unkenntlichkeit. Sperren Sie also wichtige Bildbereiche gegen die Verfremdung, zum Beispiel die Hauptdarsteller. So geht's:

1. Ziehen Sie mit dem Lasso einen engen Rahmen um Ihr Hauptmotiv, das nicht entstellt werden soll.
2. Stellen Sie eine großzügige weiche Auswahlkante ein.
3. Kehren Sie die Auswahl um, so dass nur der Hintergrund erfasst wird.
4. Starten Sie den Effektbefehl. Er verändert nur noch den Hintergrund.

BEQUEM GESTALTEN MIT EBENENMASKE

Die Methode mit der umgekehrten Auswahl eignet sich nur für erste Proben, auf Dauer ist sie unbequem: Denn sind Sie mit dem ersten Ergebnis unzufrieden, müssen Sie mit der Auswahl ganz von vorn anfangen. Bequemer haben Sie es mit Ebenenmasken und Duplikaten. Das Verfahren:

1. Duplizieren Sie Ihr Originalmotiv auf eine neue Montageebene innerhalb desselben Bildes.
2. Wenden Sie den Effekt auf die komplette obere Ebene an, Sie sehen also ein vollständig verzerrtes Foto.
3. Legen Sie für diese Ebene eine neue, leere Ebenenmaske an, die zunächst die komplette Ebene sichtbar lässt (Seite 76).
4. Schalten Sie den Pinsel ein, wählen Sie schwarze Vordergrundfarbe und eine Werkzeugspitze mit weicher Kante.
5. Malen Sie jetzt in der Ebenenmaske über dem Hauptmotiv: Dort, wo Sie Schwarz aufbringen, scheint wieder das Original durch. Diese Mischung von Vorlage und Verfremdung können Sie jederzeit bearbeiten.

Vielseitiger Effekt

Zoomeffekt und Bewegungsunschärfe eignen sich nicht nur für bewegte Motive wie Sportler oder Hubschrauber. Testen Sie Verfremdung auch auf Schriftzügen, Grafiken oder Hintergründen.

Rotationsprinzip: Der kreisförmige Weichzeichner versetzt Rotorblätter in Bewegung.

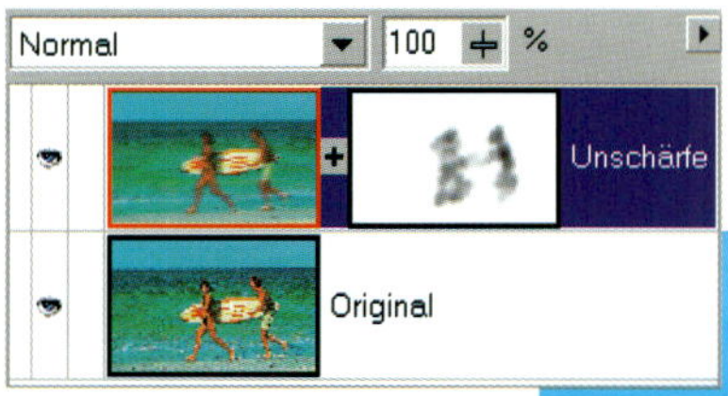

Montage mit Effekt: Ein Duplikat wird mit der Bewegungsunschärfe bearbeitet, das Original scheint in der Mitte durch.

Lichtspiele

Packende Lichtspiele beleben Ihre Entwürfe. Flutlichter bringen Drama und Atmosphäre in flaue, langweilige Bildflächen. Gegenlichtreflexe zaubern Sonnenbälle und Strahlen nicht nur in Landschaftsaufnahmen. Mit diesen Effekten peppen Sie auch Schriftzüge, Hintergründe oder Grafiken auf.

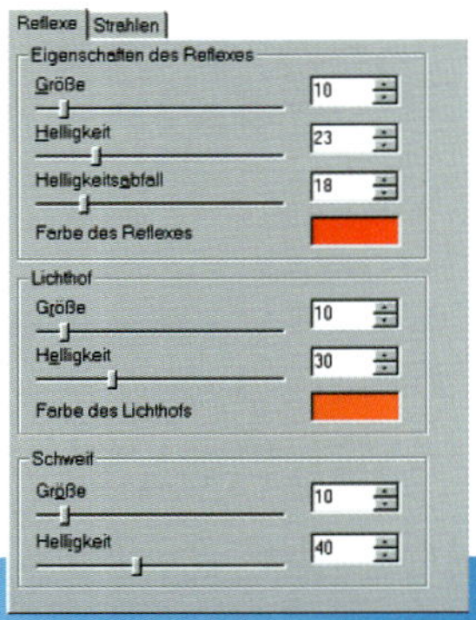

GEGENLICHTREFLEXE

Die Funktion „Gegenlichtreflexe" ahmt Bildstörungen nach, die beim Fotografieren in eine Lichtquelle hinein entstehen: Die Lichtquelle selbst löst sich gleißend diffus auf, dazu entstehen Strahlen und weitere Störmuster. Die Wirkung des Effekts lässt sich vielseitig steuern. Die Gegenlichtreflexe machen Ihre Aufnahmen lebendiger und dramatischer.

BELEUCHTUNGSEFFEKTE

Die Beleuchtungseffekte verteilen Flutlichter oder diffuse Lichtquellen über Ihr Bild. Heben Sie Hauptmotive durch gezielte Beleuchtung heraus, Unwichtiges kann im Dunklen versinken. Auch kalte, sterile Fotos oder Grafiken wirken dank der Beleuchtungseffekte oft wärmer und ansprechender. Sie können mehrere Lichtquellen verwenden, für jede Lichtquelle stehen ganze Reihen von Reglern zur Verfügung – steuern Sie Stärke, Ausdehnungswinkel, Farbe, Reflektionsverhalten und Umgebungslicht.

Blendend: Die Gegenlichtreflexe erzeugen Strahlen und Objektivfehler im Bild.

EBENEN-TECHNIK

Bleiben Sie flexibel. Wenden Sie Beleuchtungseffekt oder Gegenlichtreflexe nicht unmittelbar auf Ihre Bilddatei an. Legen Sie die Effekte stattdessen auf eine eigene Montageebene, die Sie nach Maß ins eigentliche Motiv einblenden. Das ursprüngliche Bild bleibt voll erhalten, die Lichtspiele können Sie dagegen nachträglich frei bewegen, abschwächen, ausschalten oder ersetzen. So geht's:

1. Legen Sie über dem Bild, das Sie beleuchten möchten, eine neue, leere Montageebene an.
   Richten Sie für diese Ebene den Überblendmodus „Hartes Licht" ein.
2. Füllen Sie die neue Ebene mit Neutralgrau; verwenden Sie den Farbeimer oder den „Füllen"-Befehl (Seite 53). Für Neutralgrau stellen Sie im Farbwähler die Werte für Rot, Grün und Blau jeweils auf 128; alternativ setzen Sie die Helligkeit B auf 50 Prozent, die Sättigung S auf 0 Prozent, der Farbwert H spielt keine Rolle. Diese neutralgraue Ebene ist zunächst nicht im Bild erkennbar.
3. Wenden Sie Gegenlichtreflexe oder Beleuchtungseffekt auf die neue Ebene an – jetzt erscheinen die Lichtspuren im Bild.

Im Beispielbild unten befinden sich die Lichteffekte auf einer separaten Ebene wie beschrieben. Noch darüber wurde die freigestellte Lupe montiert und mit einem hellen „Schatten"-Effekt ausgestattet. Den Bereich innerhalb der Lupe haben wir mit dem Zauberstab ausgewählt; dann haben wir die Ebene mit den Geldscheinen aktiviert, zweimal hintereinander die Funktion „Wölben" aufgerufen und den Kontrast innerhalb der Auswahl verändert.

PERFEKTES LICHT

Wenn die Lichteffekte auf einer eigenen Ebene liegen, haben Sie viele Korrekturmöglichkeiten. So bearbeiten Sie die Lichtebene:

1. Senken Sie die Deckkraft, um die Wirkung der Beleuchtung abzuschwächen.
2. Heben Sie den Kontrast an, wenn Licht und Schatten intensiver wirken sollen.
3. Experimentieren Sie mit Farbtonverschiebungen.
4. Malen Sie helle/dunkle Bereiche mit dem Pinsel bei weicher Werkzeugspitze direkt in die Ebene.
5. Weiten Sie die Ebene mit der Dehnfunktion aus; anschließend können Sie die Lichter über dem Bild verschieben.
6. Füllen Sie die Ebene erneut mit Neutralgrau, wenn Sie einen anderen Beleuchtungseffekt testen wollen.
7. Übertragen Sie die Lichtebene in andere Bilder.

Hell und Dunkel: Die Flutlichter liegen hier auf einer separaten Montage-Ebene.

Tolle Bildränder

Präsentieren Sie Ihre Motive im ungewöhnlichen Rahmen. Ob im Internet oder im Druck, mit der richtigen Einfassung wirken Ihre Vorlagen noch stärker.

DIE RAHMENAUTOMATIK

Mit wenigen Klicks legen Sie einen einfarbigen Rand an, der Ihr Bild schon deutlich betont. Wenn es noch stärker wirken soll, legen Sie einen Schatten unter das Motiv. Einige Programme zaubern zudem auf Knopfdruck aufwändige Rahmen und Einfassungen in Ihre Vorlagen – vom Holzrahmen bis zum weich ausklingenden, angefressenen Rand.

Sofortbild:
Die Aufmachung im Polaroid-Look gibt dem Schnappschuss mehr Pepp.

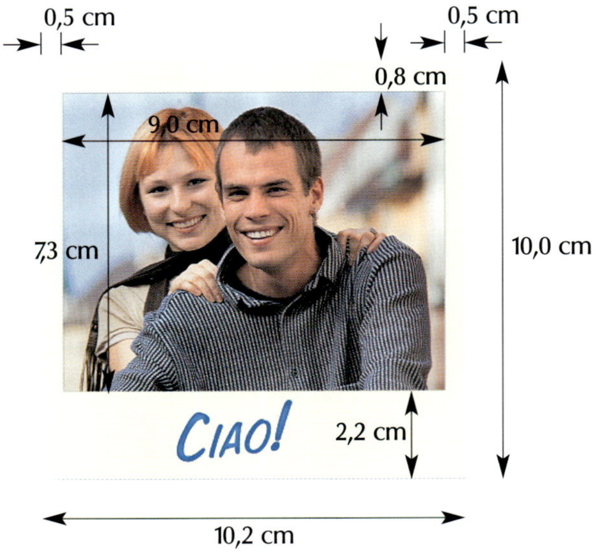

POLAROID-AUFMACHUNG

Überraschend wirkt die Aufmachung im Sofortbild-Look. Legen Sie zum Beispiel mit dem Befehl „Datei/Neu" ein leeres Bild direkt in den Außenmaßen des Polaroid-Fotos an; geben Sie gleich auch die korrekte Druckauflösung vor (Seite 108). Dieses Ausgangsmotiv füllen Sie mit blassgelber oder mattweißer Farbe. Anschließend wählen Sie einen Fotobereich aus und fügen ihn über der leeren Polaroid-Fläche ein. Damit das Bildteil exakt passt, müssen Sie es vermutlich noch verkleinern oder vergrößern, oder Sie entfernen Bildteile zum Beispiel per „Rechteck-Auswahl" und „Löschen". Umgeben Sie das eingefügte Foto mit einem hauchdünnen grauen Rand.

Genaue Orientierung

Blenden Sie bei der Arbeit an einer Sofortbildmontage die Lineale ein. Auch Hilfslinien oder ein gleichmäßiges Gitterraster helfen beim exakten Aufbau (Seite 72).

SOFORTBILDER NACH MASS

Das Polaroid-Ergebnis lässt sich vielfältig weiterbearbeiten. In einigen Fällen sollten Sie dabei das Foto und den weißlichen Untergrund zu einer Einzelebene verschmelzen, damit die anschließenden Befehle die komplette Ansicht verändern.

- ➡ Verzerren Sie das Foto leicht, damit es plastischer wirkt; ein Schatten verstärkt diesen Eindruck noch.
- ➡ Wenden Sie Beleuchtungseffekte an (Seite 94), oder hellen Sie einzelne Partien mit dem Retuschepinsel auf – so wirkt das Ergebnis oft realistischer.
- ➡ Legen Sie einen Schriftzug auf die freie Polaroid-Fläche.
- ➡ Montieren Sie das Bild in ein weiteres, größeres Foto, oder kombinieren Sie mehrere Polaroid-Montagen in unterschiedlichen Drehwinkeln zu einer Pinnwand.

3D-RAND

Nicht nur im Internet ist der 3D-Rand beliebt: Abgeschrägte Kanten, Schatten und Lichthöfe heben Ihr Motiv plastisch aus der Seite heraus. Dabei müssen Sie nicht immer das komplette Bildrechteck verfremden, arbeiten Sie auch mit frei geformten Bildausschnitten: Wählen Sie den gewünschten Bildausschnitt zunächst aus, heben sie ihn auf eine neue Ebene, dann folgt die 3D-Funktion (Seite 74).

Mit plastischen Kanten geben Sie zudem ganzen Bildreihen ein einheitliches Aussehen. Falls Sie Bildserien bearbeiten, sollten Sie Ihr Verfahren per Befehle-Recorder aufzeichnen und automatisieren (Seite 21).

Hervorragend: Plastische Kanten heben Ihre Bilder aus der Serie heraus.

Randgeschehen: Per Mausklick entstehen ungewöhnliche Bildränder.

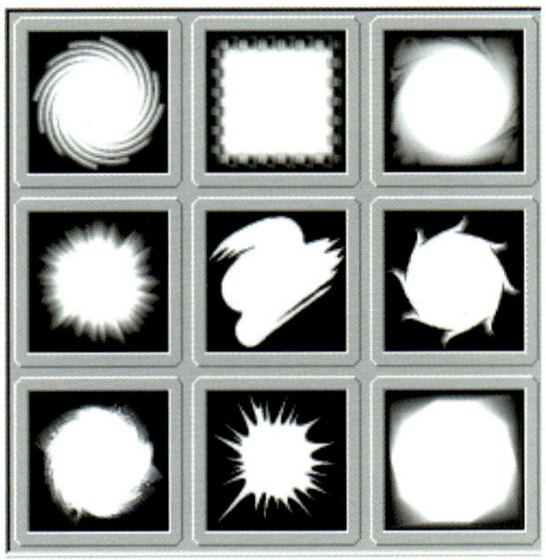

Weichzeichnen

Mit den Weichzeichner-Funktionen blenden Sie überflüssige Bildteile sanft aus. Scharf durchgezeichnete Aufnahmen verwandeln sich in stimmungsvolle Soft-Fotos.

DIE WEICHZEICHNER-FUNKTIONEN

Die meisten Programme bieten eine ganze Reihe von Weichzeichnern in ihren „Filter"- oder „Effekte"-Menüs. Es beginnt mit schnellen Befehlen, die Ihr Bild sofort geringfügig aufweichen – ein Dialogfeld erscheint gar nicht erst. Besonders interessant ist der „Gaußsche Weichzeichner" mit seinem stufenlosen Stärke-Regler. Verwenden Sie hier einen hohen Wert, verschwimmt das Bild zu einer undifferenzierten, diffusen Fläche. Weichzeichner reduzieren den Kontrast an harten Bildkanten. Ein weichgezeichnetes Motiv wirkt darum weniger brillant als die Vorlage.

Konzentrierter Blick: Der Weichzeichner blendet überflüssige Bildbereiche sanft aus.

KONZENTRATION AUF DAS WESENTLICHE

Manche Bilder enthalten zu viele Details, Randaspekte lenken ab vom Hauptmotiv. Das gilt zum Beispiel für Porträtfotos – hier steht nur die Hauptperson im Mittelpunkt und niemand sonst. Nutzen Sie den Weichzeichner, um die aufdringliche Umgebung sanft abzusoften. So geht's:

1. Sie wählen mit dem Lasso einen Bereich aus, der volle Schärfe behalten soll. Prüfen Sie jedoch kritisch, ob Ihre Weichzeichnung zur Kameraperspektive passt und nicht unrealistisch wirkt.
2. Richten Sie auf jeden Fall eine großzügige weiche Auswahlkante ein (Seite 65).
3. Wenden Sie nun den Gaußschen Weichzeichner an.

Bequemer haben Sie es freilich mit einer Ebenenmaske (Seite 76): Sie legen ein Duplikat des Motivs auf eine eigene Ebene und zeichnen es komplett weich. Anschließend verbergen Sie das abgesoftete Hauptmotiv per Ebenenmaske mit weichem Übergang – das Original scheint wieder durch.

Weich-zeichnen

Eine Alternative zum Weichzeichner-Befehl bietet der Weichzeichner-Pinsel: Durch Mausbewegungen malen Sie Unschärfe ins Bild.

Auswahl-Technik: Mit Lasso und weicher Kante wird das Hauptmotiv ausgewählt, dann wird die Auswahl umgekehrt.

WEICHZEICHNER-FOTOS

Romantische Weichzeichner-Fotos à la David Hamilton lassen sich am PC nachempfinden. Wichtig: Vor allem die helleren Motivbereiche überstrahlen das Gesamtbild. Gut eignen sich also hellere Hauptmotive vor dunkler Umgebung. Das Verfahren im Überblick:

1. Legen Sie eine Kopie Ihres Bildes auf eine neue Ebene über dem Hintergrund.
2. Zeichnen Sie die Kopie kräftig weich.
3. Stellen Sie jetzt eine neue Überblendmethode für die Kopie ein (Seite 80): Probieren Sie „Wenn heller", für stärkere Aufhellung im Gesamtbild auch „Negativ multiplizieren", für intensive Farben „Ineinanderkopieren" oder „Weiches Licht".

OPTIMALE ERGEBNISSE

Verstärken und verfeinern Sie die Wirkung Ihrer Weichzeichner-Montage:

➡ Dunkeln Sie das Original auf der unteren Ebene ab.

➡ Hellen Sie die weichgezeichnete Kopie auf, oder verwenden Sie den Befehl „Helle Bereiche vergrößern".

➡ Vewenden Sie statt des Gaußschen Weichzeichners den Zoomeffekt (Seite 92).

➡ Verbergen Sie einzelne Teile der weichgezeichneten Kopieebene mit einer Ebenenmaske, oder senken Sie die Deckkraft.

Abgesoftet:
Die weichgezeichnete Variante wird über das Original geblendet.

Weichzeichner spezial:
Der Zoomeffekt verfremdet ein aufgehelltes Duplikat der Blüte, das Überblendverfahren „Wenn heller" betont helle Bildpartien.

7

Nostalgie

Zeigen Sie aktuelle Fotos in nostalgischer Aufmachung. Der Einstieg ist denkbar einfach:

- Die Färben-Funktion zieht eine historische Sepia-Tönung über Ihr Motiv.
- Mit einem unruhigen, „künstlerischen" Pinsel tragen Sie danach weiße Farbe auf.

Allerdings: Für hochwertige, flexible Ergebnisse sollten Sie ein paar Arbeitsschritte mehr einplanen. Suchen Sie sich hier einfach die passenden Vorschläge für Ihr Motiv heraus.

Vielseitiger Rahmen

Wenn Sie den weiß ausfransenden Bildrand auf eine eigene Ebene malen, lässt er sich weiterverwenden: Ziehen Sie den Rahmen einfach über andere Bilder.

GEMALTER RAND

Mit dem Pinsel-Werkzeug und weißer Farbe bringen Sie einen unruhigen Bildrand an, dazu Negativkratzer und Entwicklerschlieren. Ändern Sie mehrfach Werkzeugspitzen und Deckkraft (Seite 50). Tuschen Sie die Bildstörungen auf eine neue, leere Montageebene über Ihrer Vorlage.

Aus neu wird alt: Zeigen Sie Ihre Fotos im Nostalgie-Look.

SCHWARZWEISS

Sorgen Sie für eine brillante Schwarzweißansicht, zum Beispiel mit dem Kanalmischer oder mit dem Graustufenbefehl. Prüfen Sie anschließend weitere Kontrast- und Schärfekorrekturen – Sie können das Werk auch bewusst blasser und unschärfer einstellen.

FÄRBEN

Wenn Sie zuvor den „Graustufen"-Befehl verwendet haben oder eine Vorlage im Graustufenmodus bearbeiten, dann wechseln Sie zum Modus „RGB-Farbe". Jetzt rufen Sie die Färben-Funktion auf. Experimentieren Sie mit verschiedenen „Farbton"-Vorgaben von Sepia bis Blau.

KÖRNUNG

Der Filter „Körnung" erzeugt den Eindruck von uralten Negativen und beschädigtem Fotopapier. Prüfen Sie die Wirkung dieses Befehls unbedingt in der Zoomstufe 100 Prozent (Seite 20), und machen Sie einen Probedruck in der endgültigen Größe, bevor Sie die Arbeit abschließen.

Zarte Töne:
Hier wurde die Farbvorlage mit schwacher Deckkraft über die Schwarzweißversion gelegt. Die Pinselstriche auf einer seperaten Ebene können jederzeit korrigiert, abgeschwächt oder ausgeschaltet werden.

Gratis-Effekte

Nicht jedes Bildprogramm liefert genug Effekte. Doch Sie können Ihr Programm jederzeit erweitern: Sogenannte Plug-Ins oder Zusatzmodule von beliebigen Herstellern liefern neue Funktionen, sie laufen innerhalb eines vorhandenen Bildprogramms. Manchmal ist von „Photoshop-kompatiblen-Plug-ins" die Rede, doch es muss gar nicht Photoshop sein – Sie können fast jedes andere Bildprogramm ebenso verwenden.

WER BIETET PLUG-INS AN?

Bekannt sind vor allem teure Plug-in-Sammlungen wie „Kai's Power Tools" (KPT). Aber im Internet finden Sie auch viele kostenlose Plug-ins. Zum Teil handelt es sich um Schnupper-Angebote der großen Hersteller. Darüber hinaus stellen viele Hobbyprogrammierer auch selbstentwickelte Plug-ins ins Netz – kostenlos für alle. Die meisten Gratiseffekte erhalten Sie allerdings nur auf Englisch. Wie immer finden Sie auch die Internetadressen für die kostenlosen Plug-ins in den Anmerkungen und zwar auf Seite 140.

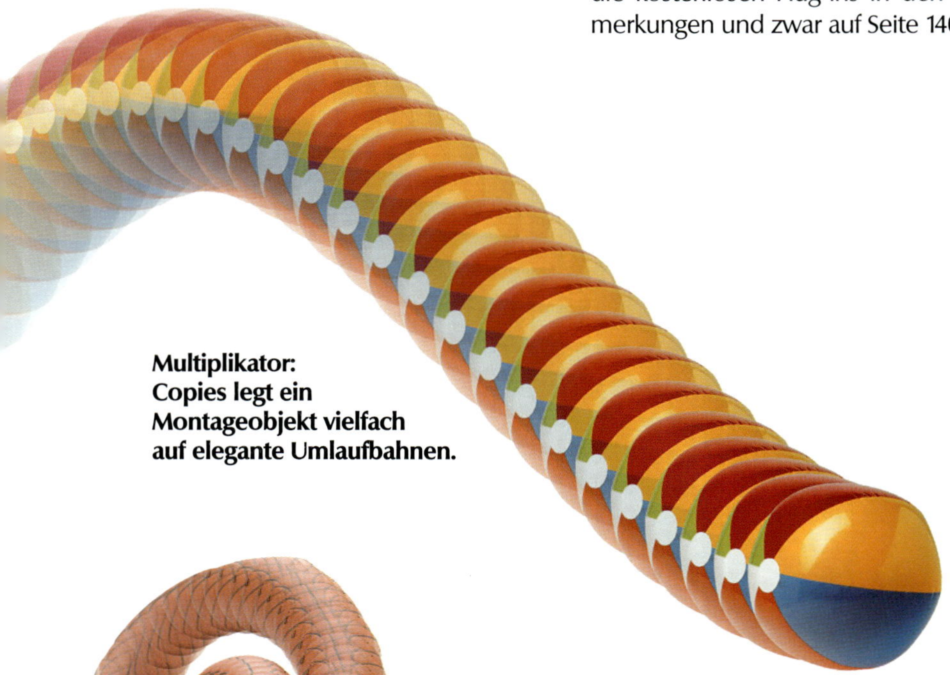

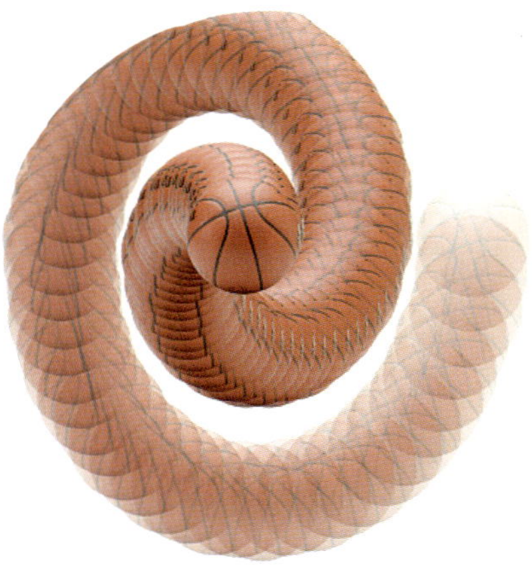

Multiplikator: Copies legt ein Montageobjekt vielfach auf elegante Umlaufbahnen.

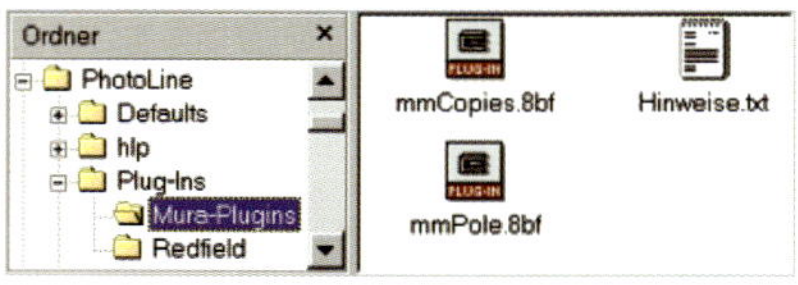

Einfache Installation: Die Plug-In-Dateien befinden sich in einem Unterverzeichnis innerhalb des Plug-In-Verzeichnisses; hier ein Beispiel mit dem Programm PhotoLine.

SO INSTALLIEREN SIE PLUG-INS

Einfacher geht es kaum: Bei der Installation kopieren Sie lediglich ein paar Dateien. Die Plug-ins erhalten Sie oft als sogenanntes Zip-Archiv. Das heißt, mehrere Dateien stecken platzsparend komprimiert in einer einzigen Zip-Datei, sie heißt zum Beispiel „Plugin.zip". So geht's weiter:

1. Prüfen Sie in den Voreinstellungen Ihres Programms, welches Verzeichnis Sie verwenden sollten. (Einige Plug-ins suchen vollautomatisch nach dem richtigen Verzeichnis, hier ist lediglich ein Doppelklick auf eine Datei wie „Setup.exe" erforderlich.)
2. Starten Sie ein Programm wie WinZip, um die einzelnen Dateien aus dem Archiv zu öffnen.
3. Öffnen Sie ein Datei-Verzeichnis wie den Explorer, und suchen Sie das Verzeichnis Ihres Bildprogramms, zum Beispiel „C:\PhotoLine".
4. Kopieren Sie die Plug-in-Dateien in das spezielle Plug-in-Verzeichnis Ihres Bildprogramms. Oft reicht pro Plug-In eine einzelne Datei mit der Endung „.8bf", also etwa „Beispiel.8bf".
5. Kopieren Sie auch die Textdateien der Plug-Ins mit, sie stören nicht. Kostenlose Plug-Ins wirken oft sehr eigenwillig, bei Problemen studiert man die Texthinweise.
6. Starten Sie das Bildprogramm neu. Spätestens jetzt stehen Ihnen die Zusatzbefehle zur Verfügung – suchen Sie unter „Filter" oder „Effekt" nach den neuen Untermenüs.

Die Erde ist eine Kugel: Der kostenlose Effekt Pole Transform dreht Bildenden spektakulär aufeinander zu.

Verblüffende Ansichten: Jama 3D erzeugt plastische Muster.

Installieren mit System

Legen Sie innerhalb des Plug-in-Verzeichnisses weitere Unterverzeichnisse – eins für jeden Anbieter. So lassen sich einzelne Plug-In-Dateien später leicht aufspüren und bei Bedarf aus dem Verkehr ziehen.

8

Pixel, Farbtiefe & Dateityp

Wie ist eine Bilddatei im Innern aufgebaut? Wer die Zusammenhänge von Farbtiefe, Bildpunktzahl und Dateityp kennt, hat wichtige Vorteile in der Bildbearbeitungspraxis.

8

Pixel & Vektoren

Bilddateien am Computer können ganz unterschiedlich aufgebaut sein: Sie bestehen entweder aus einzelnen Bildpunkten oder aber aus Vektorfiguren. Dazu kommen noch Textobjekte. Sie können in einer Montage mehrere Verfahren kombinieren. Der Unterschied zwischen Bildpunkten und Vektoren ist wesentlich für Ihre Grafikarbeit am Computer.

VEKTORGRAFIKEN

Eine Vektorgrafik basiert nicht auf einzelnen Bildpunkten. Stattdessen entwerfen Sie eine Umriss-Linie, die auch Pfad heißt. Der Umriss lässt sich über Griffpunkte elegant formen. Dazu definieren Sie eine Farbe für die Kontur Ihrer Figur sowie eine Füllung. Gespeichert werden nicht die einzelnen Bildpunkte Ihrer Grafik, sondern nur die geometrischen Koordinaten und die Angaben für Kontur- und Füllfarbe. Deswegen beanspruchen Vektorgrafiken meist weniger Speicherplatz als Dateien, die auf Bildpunkten aufbauen. Die Grafik lässt sich praktisch beliebig ohne Qualitätsverlust vergrößern.

PIXELDATEIEN

Im Gegensatz zu Vektorgrafiken bestehen übliche Fotodateien aus einer festgelegten Zahl von Bildpunkten, so genannten Pixeln. So redet man auch von Pixeldateien oder Pixelobjekten in einer Montage – als Gegensatz zu Vektor- oder Textobjekten.

Pixeldateien kosten wesentlich mehr Speicherplatz als Vektor- oder Textgrafiken. Denn hier erfasst Ihr Programm jeden Bildpunkt einzeln, es sichert nicht nur die Umrisse. Der Vorteil einer Pixeldatei: Sie können auch kleinere Bereiche oder einzelne Bildpunkte individuell bearbeiten, zum Beispiel kleine Partien aufhellen, umfärben oder ausschneiden. In einem Vektorobjekt lässt sich dagegen nur die komplette, mathematisch definierte Füllung als Ganzes verändern.

Die Zahl der Bildpunkte quer mal hoch entscheidet mit über die Dateigröße und über die möglichen Maße beim Druck (Seite 108).

Vektorgrafik: Dieses Bild basiert auf Vektoren. Es besteht aus einer Kontur und der Füllung mit einem Farbverlauf. Zusätzlich sehen Sie hier den Pfad, der die Form festlegt. Der Ausschnitt zeigt: Das Bild lässt sich ohne Qualitätsverlust beliebig vergrößern. Sie erkennen hier auch die Bearbeitung des Pfades mit Ankerpunkten und Griffen.

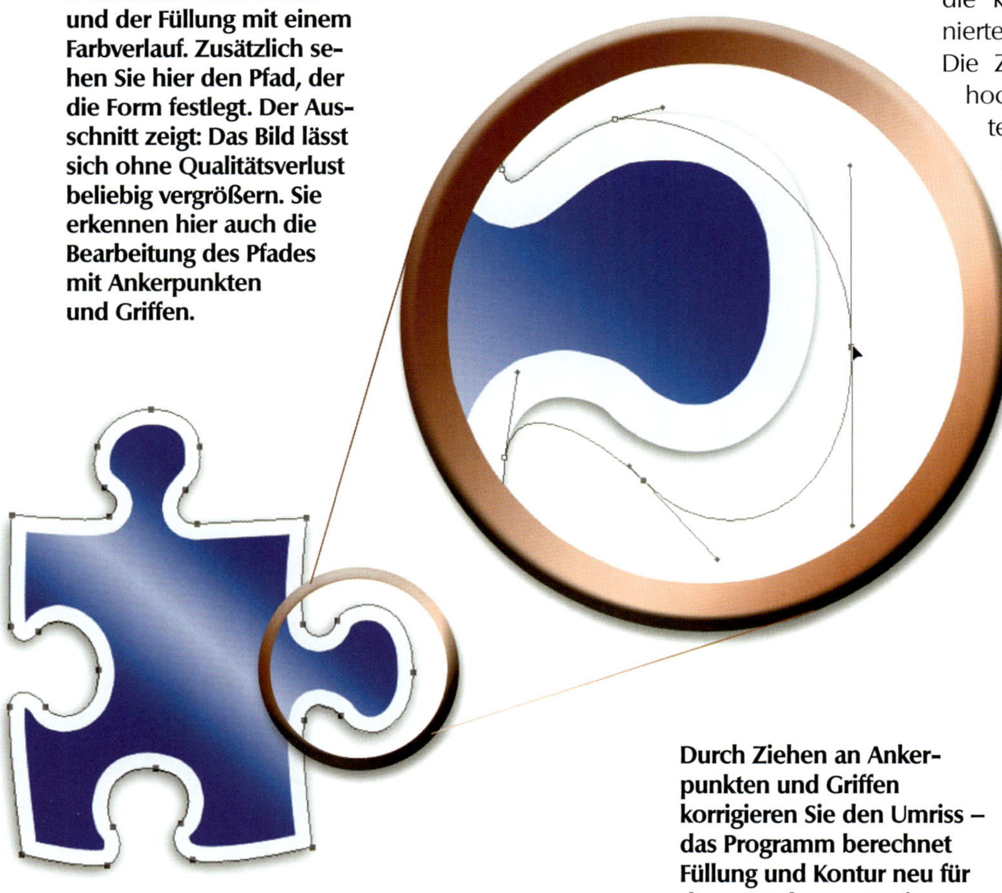

Durch Ziehen an Ankerpunkten und Griffen korrigieren Sie den Umriss – das Programm berechnet Füllung und Kontur neu für den geänderten Umriss.

Richtig rastern

Vorsicht: Zunächst sollten Maße, Konturfarbe und Texteigenschaften exakt feststehen – dann erst verwandeln Sie Text oder Vektorgrafik in ein Pixelobjekt. Denn später lässt sich das Element nicht mehr ohne Qualitätsverlust drehen oder vergrößern.

TEXTOBJEKTE

Schriftzüge, die Sie in Ihre Montagen einbauen, erinnern technisch an Vektorobjekte: Die Umrisse lassen sich frei verändern, das Programm berechnet Textkonturen und Farbfüllungen in beliebiger Größe neu. Auch die Texteigenschaften bleiben frei änderbar – bearbeiten Sie Schriftart oder Wortlaut ganz nach Belieben.

Allerdings gelten die gleichen Einschränkungen wie für Vektorgrafiken: Mit den Werkzeugen eines Bildprogramms lässt sich das Textobjekt nicht verändern – ein Pinsel funktioniert hier ebensowenig wie ein Verfremdungsfilter.

PIXEL ERZEUGEN

Ein übliches Digitalfoto besteht zunächst einmal aus einer Fläche von Bildpunkten, es handelt sich also um eine Pixeldatei. Doch in Montagen kommen oft noch Vektor- oder Textobjekte dazu. Das gilt besonders bei der Gestaltung von Internetseiten mit ihren Schaltflächen, Pfeilen und Schriftzügen.

Wollen Sie Ihre Vektorgrafik oder Ihren Text mit Pinseln, Radiergummi oder einer Effekt-Funktion bearbeiten? Dazu verwandeln Sie das Element erst in ein Pixelobjekt. Dieser Vorgang heißt „Rastern“ oder „Rendern“.

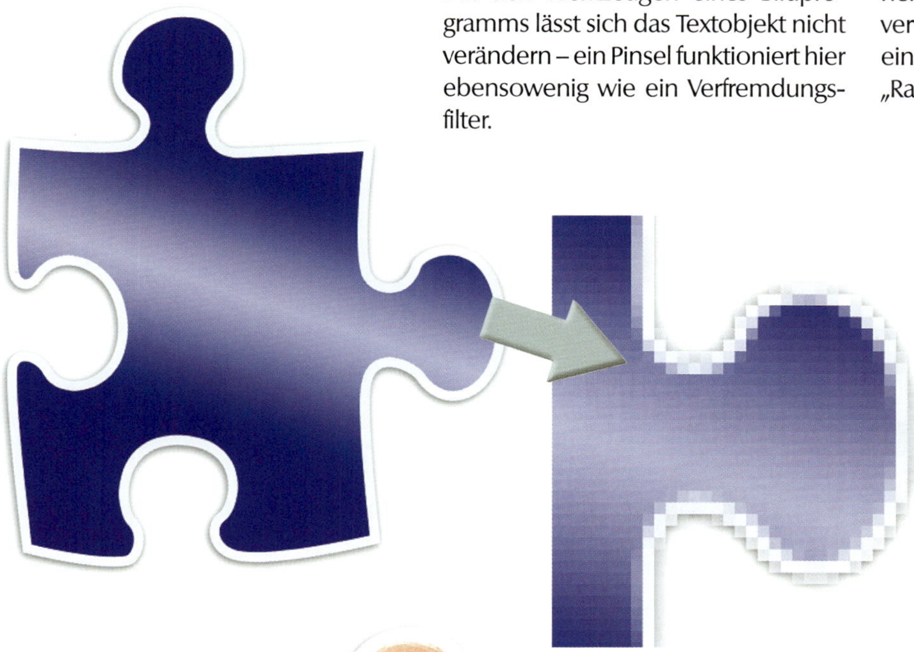

Pixelgrafik: Dieses Bild besteht nicht aus Vektoren, sondern wie übliche Fotodateien aus einer festgelegten Zahl von Bildpunkten. Das Motiv lässt sich also nicht frei vergrößern – die Pixelstruktur tritt dann unschön hervor.

Anders als eine Vektorgrafik kann man diese Bildpunktdatei jedoch mit üblichen Werkzeugen eines Bildprogramms bearbeiten – etwa mit Pinsel oder Radiergummi. Andere Fotos lassen sich hier vielseitig einmischen.

Flexible Lettern: Wie Vektorobjekte lassen sich Buchstaben jederzeit umformen und anders füllen. Wollen Sie jedoch Verfremdungsfilter anwenden wie im Beispiel rechts, wandeln Sie den Text erst in ein Pixelobjekt um.

Pixel & Dateigröße

Wie viele Bildpunkte hat Ihr Foto, diese Frage entscheidet mit über Dateigröße und Druckmaße. Dabei kommt es nicht nur auf die absolute Zahl der Bildpunkte an: Wichtig ist auch die Zahl der Bildpunkte pro Zentimeter oder Zoll.

Richtig umrechnen

Beim Verändern der Bildpunktzahl bieten Bildprogramme verschiedene Rechenverfahren an. Meist sollten Sie „Bikubisch" verwenden und einen Scharfzeichner folgen lassen.

ZENTIMETER, INCH UND ZOLL

Die Auflösung von Bilddateien, Druckern oder Scannern wird meist nicht in Bildpunkten pro Zentimeter angegeben, sondern in Bildpunkten pro Zoll. Auf Englisch heißt das „dots per inch", kurz dpi. Zoll und Zentimeter im Vergleich:

Zoll (dt.) = inch (engl.)
1 Zoll = 2,54 cm
1 cm = 0,39 Zoll
300 dpi = 118 dpcm
254 dpi = 100 dpcm
200 dpi = 78 dpcm

BILDPUNKTE UND DRUCKMASSE

Die Zahl der Bildpunkte zeigt Ihr Programm in den Dateiinformationen, in der Informationsleiste oder im „Bildgröße"-Dialogfeld an. Ein Beispiel: Manche Digitalkameras oder Photo-CDs liefern Bilddateien mit 1536 x 1024 Bildpunkten. Ein Foto mit diesen Daten können Sie in verschiedenen Größen drucken – je nachdem, wieviele Bildpunkte pro Quadratzentimeter oder pro Quadratzoll nötig sind. Die Formeln:

$$\frac{\text{Zahl der Bildpunkte}}{\text{dpi-Wert}} = \text{Druckmaß in Zoll}$$

$$\frac{\text{Zahl der Bildpunkte}}{\text{dpi-Wert x 2,54}} = \text{Druckmaß in Zentimeter}$$

VÖLLIG AUFGELÖST

Unsere Beispieldatei hat 1536 x 1024 Bildpunkte. Je nach gewünschter Druckauflösung lässt sie sich in verschiedenen Größen drucken:

dpi	dpcm	B/H in cm	B/H in Zoll
300	118	13,0 x 8,7	5,1 x 3,4
254	100	15,4 x 10,2	6,0 x 4,0
200	78	19,5 x 13,0	7,68 x 5,1
150	60	26,0 x 17,3	10,2 x 6,8
100	39	39,0 x 26,0	15,4 x 10,2

Höchste Auflösung:
360 Bildpunkte pro Zoll erlauben hochwertigen Druck.
72 dpi reicht nicht aus.

WIE VIELE DPI SIND ERFORDERLICH?

Typische Schwarzweiß-Laserdrucker haben eine Druckauflösung von 600 oder 1200 dpi. Farbtintenstrahler drucken gar mit 1440 oder 2400 dpi. Sollte Ihr Bild deshalb auch 1440 Bildpunkte pro Zoll aufbieten?

Nein, 250 dpi Bildauflösung reichen allemal. Denn die Drucker verwenden viele Druckerpunkte, um einen einzigen Bildpunkt Ihrer Datei darzustellen. Der Hintergrund: Farbtintenstrahler beherrschen ja oft nur die vier CMYK-Grundfarben: Cyan (Grünblau), Magenta (Purpur), Gelb und Schwarz. Um beliebige Zwischenfarben und Helligkeitsstufen zu simulieren, setzen die Geräte mehrere Druckerpunkte in den verschiedenen Grundfarben eng nebeneinander – zum Beispiel rastern sie jeden Bildpunkt der Bilddatei mit nicht weniger als zwölf Druckerpunkten.

Für eine Druckerauflösung von 1440 dpi reicht darum rechnerisch eine Bildauflösung von 1440 geteilt durch zwölf, also eine Bildauflösung von 120 dpi. In der Praxis sollte man etwas mehr anliefern – die so genannte Qualitätsreserve. Dadurch fangen Sie Verluste durch das Rasterungsverfahren ab – mit 200 dpi ist Ihr Drucker auf jeden Fall gut bedient. Im Offset-Druck für Massendrucksachen reichen meist 300, maximal 360 dpi. Machen Sie vor wichtigen Projekten unbedingt einen Probedruck.

Bei der Bildbearbeitung für Internetseiten spielt die dpi-Zahl keinerlei Rolle. Hier kommt es allein auf die Zahl der Bildpunkte an.

BERECHNUNG DER DATEIGRÖSSE

Die Dateigröße im Arbeitsspeicher errechnet sich aus der Bildpunktzahl und der Farbtiefe (Seite 110):

Pixel quer x Pixel hoch x Farbtiefe in Byte = Dateigröße in Byte

Für unsere Testdatei mit 1536 x 1024 Punkten heißt das:

Farbtiefe	**Speicherbedarf**
3x8 Bit (3 Byte)	4.718.592 Byte (≈ 4,72 Megabyte)
RGB-Farbe	
1x8 Bit (1 Byte)	1.572.864 Byte (≈ 1,57 Megabyte)
Graustufen oder Acht-Bit-Farbe	

Dies ist der Arbeitsspeicher-Bedarf bei geöffneter Datei. Die Größe des auf Festplatte gespeicherten Fotos hängt sehr stark vom verwendeten Dateityp ab (Seite 104).

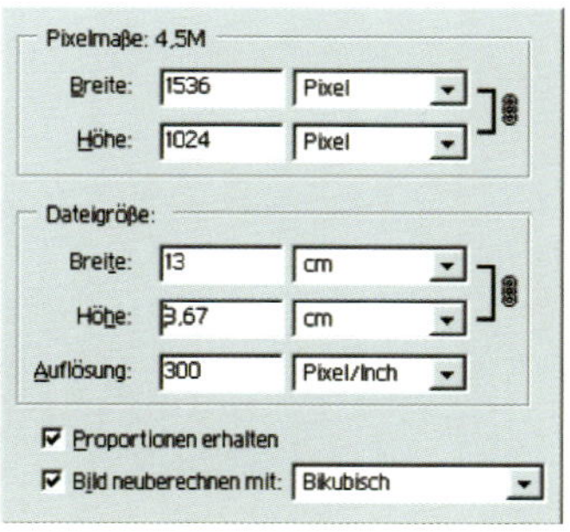

Rechenzentrum: Setzen Sie die Pixelzahl herunter, um Speicherplatz zu sparen.

BILDPUNKTE NEU BERECHNEN

Sie können die Zahl der vorhandenen Bildpunkte ändern. Es macht allerdings keinen Sinn, die Bildpunktzahl heraufzusetzen – denn dadurch gewinnen Sie keinerlei zusätzliche Information. Ebensowenig lohnt es sich, die Pixelzahl nur geringfügig zu senken. Ergiebig ist nur die deutliche Reduzierung der Bildpunktzahl, wenn die Datei viel zu groß ist – damit sparen Sie Rechenzeit, Druckerzeit und Speicherplatz. Behalten Sie eventuell die ursprüngliche Version in Reserve.

Rasterverfahren: Für einen einzelnen Bildpunkt aus der Bilddatei (links) setzen die meisten Drucker mehrere Druckpunkte ein (rechts).

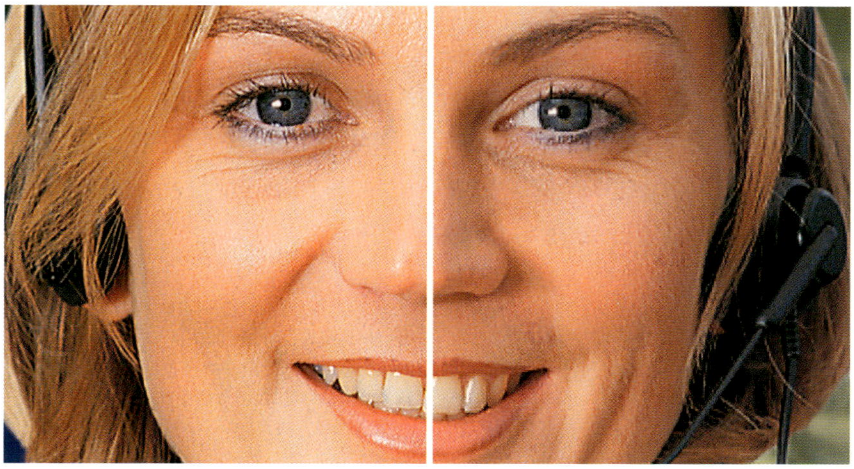

Pixelknappheit: 200 dpi reicht knapp für hochwertigen Druck, bei 100 dpi werden Schwächen sichtbar.

Farbmodus

Die Farbtiefe gibt an, wie viele unterschiedliche Farbtöne eine Bilddatei darstellen kann – zum Beispiel zwei, 256 oder 16,7 Millionen unterschiedliche Nuancen bei Helligkeit und Farbe. Zusammen mit der Bildpunktzahl entscheidet die Farbtiefe über die Dateigröße eines Digitalfotos. Grundsätzlich gilt: Je höher die Farbtiefe, desto feiner werden die unterschiedlichen Farb- und Helligkeitsnuancen differenziert, die Qualität steigt also. Allerdings benötigt eine Datei mit hoher Farbtiefe auch mehr Speicherplatz.

Farbverteilung: Die Kanäle-Palette zeigt den Anteil der einzelnen Grundfarben am Gesamtbild.

RGB-MODUS

Die meisten Bilddateien liegen im universellen RGB-Farbmodus vor. Er funktioniert wie das Sonnenlicht: Strahlen Rot, Grün und Blau mit gleicher Intensität übereinander, entsteht Neutralgrau. Ein Bildpunkt besteht also aus den drei Grundschichten für roten, grünen und blauen Farbanteil. Eine solche Grundfarbe in einer Bilddatei heißt auch „Kanal".
Monitore, Scanner, Digitalkameras und Diabelichter funktionieren aus physikalischen Gründen ausschließlich nach dem RGB-Prinzip, da sie mit Licht arbeiten. Meist redet man von RGB-Modus, RGB-Bild, RGB-Farbe, Truecolor, Echtfarbe, 16 Millionen Farben oder einfach Millionen Farben.
Die meisten Bildprogramme nennen den aktuellen Farbmodus für Ihr Foto in der Titelleiste der Datei oder in der Informationsleiste unten rechts.

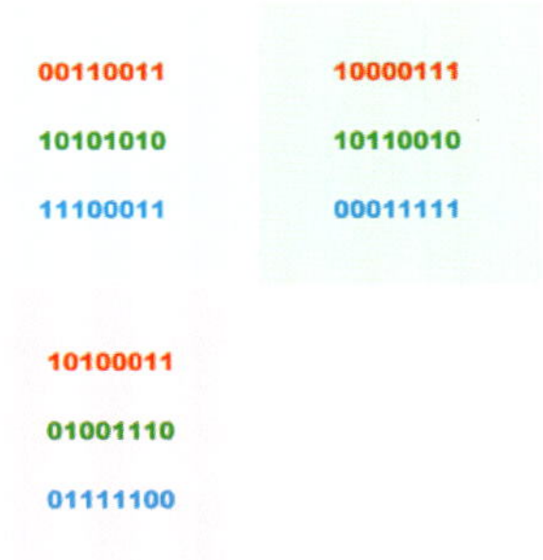

RGB mit acht Bit:
Jeder Bildpunkt besteht aus den separaten Grundfarbkanälen Rot, Grün und Blau. Jede Grundfarbe wird mit acht Nullen oder Einsen codiert, also mit acht Bit beziehungsweise einem Byte. Jeder Bildpunkt belegt damit 3x8 Bit, also 24 Bit beziehungsweise drei Byte Speicherplatz. Jede Grundfarbe kann so 2^8 beziehungsweise 256 unterschiedliche Intensitäten aufweisen; damit ergeben sich 256^3, also rund 16,7 Millionen mögliche unterschiedliche Farbtöne.

CYMK-MODUS

Druckprofis benötigen eventuell den CMYK-Modus. Hier wird das Bild in die Grundfarben des Vierfarbdrucks zerlegt, also in Cyan (Grünblau), Magenta (Purpur), Gelb und Schwarz. Je nach Druckgerät, Papiersorte und Druckfarben gibt es viele unterschiedliche Vorgaben für den Wechsel von RGB nach CMYK.
Auch gängige Farbtintenstrahldrucker kombinieren Farben nach dem CMYK-Prinzip. Dennoch müssen Sie Ihr RGB-Bild nicht per Menübefehl in den CMYK-Modus umwandeln – das erledigt Ihr Programm automatisch, sobald Sie ein Bild drucken. Falls Sie für eine Massendrucksache den CMYK-Modus benötigen, stimmen Sie alle CMYK-Vorgaben mit Ihrer Druckerei ab.

CMYK:
Dieses CMYK-Bild wurde für die professionelle Druckvorstufe in die vier Grundfarben Gelb, Cyan, Magenta und Schwarz zerlegt. Jede Grundfarbe ist mit acht Nullen oder Einsen, also mit acht Bit codiert. Jeder Bildpunkt belegt also 4x8 Bit Speicherplatz, also 32 Bit oder 4 Byte.

GRAUSTUFENMODUS

In der Umgangssprache heißt es „Schwarzweißfoto", Computergrafiker reden jedoch von „Graustufenbildern". Dieser Modus enthält nur die einzige Grundfarbe Schwarz, meist in 256 unterschiedlichen Abstufungen von Weiß über Mittelgrau bis zum tiefen Schwarz. Jeder Bildpunkt belegt damit acht Bit beziehungsweise ein Byte – nur ein Drittel des Speicherbedarfs einer üblichen RGB-Farbdatei.

Vorsicht bei 16 Bit

Vorsicht: Nicht alle Bildprogramme beherrschen 16 Bit pro Grundfarbe – eventuell lässt sich ein 16-Bit-Bild gar nicht öffnen. Es hat meist keinen Sinn, vorhandene Bilder mit acht Bit pro Grundfarbe nachträglich in 16 Bit umzuwandeln.

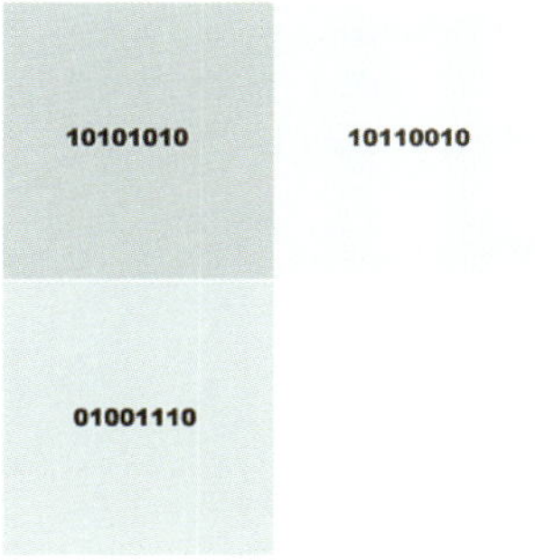

Graustufen:
Dieses typische Graustufenbild besitzt nur die Grundfarbe Schwarz. Sie wird mit acht Nullen oder Einsen, also mit Bit codiert. Das ermöglicht 2^8 beziehungsweise 256 unterschiedliche Abstufungen von Weiß über Mittelgrau bis Schwarz.

ACHT-BIT-FARBE

In den meisten Farbdateien belegt ein Bildpunkt 24 oder 32 Bit Speicherplatz, so etwa im RGB- oder CMYK-Modus. Es gibt jedoch auch die Möglichkeit, nur acht Bit pro Bildpunkt zu verwenden. Dann kann das Bild freilich nur noch 256 Farbtöne insgesamt zeigen. Das reicht kaum für differenzierte Farbfotos – für Grafiken und Schriftzüge ist es aber genug. Dieser Farbmodus heißt meist Acht-Bit-Farbe, Palettenfarbe oder Indizierte Farbe. Er spielt nur bei GIF-Dateien auf Internetseiten eine Rolle (Seite 121).

Acht-Bit-Farbe:
Dieses Farbbild benötigt statt 24 Bit nur acht Bit pro Bildpunkt – also nur acht statt 24 Nullen oder Einsen. Damit belegt es ebensowenig Arbeitsspeicher wie ein Graustufenbild – zwei Drittel weniger als ein RGB-Farbbild. Allerdings sind auch nur 2^8 beziehungsweise 256 unterschiedliche Farbtöne möglich.

16-BIT-GRUNDFARBE

Die meisten Farbdateien verwenden acht Bit pro Grundfarbe: also 24 Bit pro Bildpunkt in einer üblichen RGB-Datei, acht Bit im Graustufenbild. Das heißt, pro Grundfarbe sind 256 unterschiedliche Intensitäten möglich. Gute Scanner oder Digitalkameras differenzieren aber noch feiner, sie erkennen zum Beispiel jeweils mehr als 1000 unterschiedliche Rot-Werte, Grün-Werte oder Blau-Abstufungen. Darum erzeugen solche Geräte eine Farbtiefe von 12 oder 14 Bit. Sie wird bei der Weitergabe an Ihren Computer entweder auf acht oder 16 Bit pro Grundfarbe umgerechnet.
Bilder mit 16 Bit pro Grundfarbe erlauben gegenüber den üblicheren Acht-Bit-Vorlagen eine sehr vielseitige Kontrastkorrektur. Selbst aus dunklen Schatten oder überbelichteten Partien lassen sich noch viele Details herausholen. Darum sollten Sie die Möglichkeit nutzen, 16-Bit-Dateien anzulegen. Nach der Kontrastkorrektur können Sie meist ohne Verlust zu acht Bit pro Grundfarbe wechseln – dadurch sparen Sie enorm Speicherplatz.

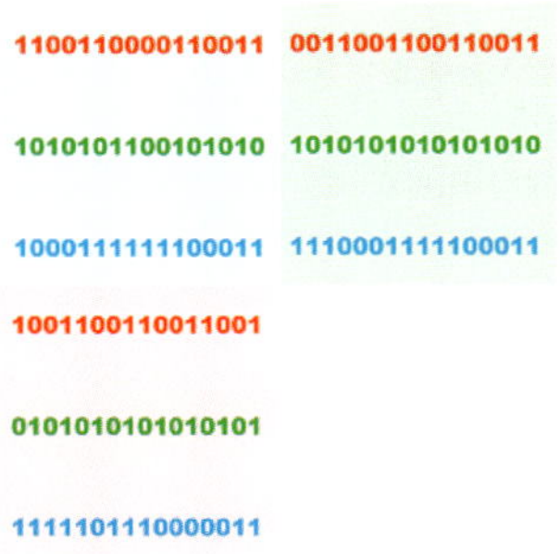

RGB mit 16 Bit:
Hier wurde ein RGB-Bild mit einer erhöhten Farbtiefe von 16 Bit pro Grundfarbe angelegt. Dadurch steigt die Dateigröße auf 3x16 Bit, also auf 48 Bit oder sechs Byte pro Bildpunkt – eine Verdoppelung gegenüber RGB mit acht Bit.

Modus ändern

In der Praxis haben Sie vor allem mit dem RGB-Modus zu tun. Doch auch Graustufenmodus und Acht-Bit-Farbe spielen eine Rolle.

Große Auswahl: Bildprogramme bieten verschiedene Farbmodi und Farbtiefen zur Auswahl an. Nicht immer steht jeder Farbmodus zur Verfügung.

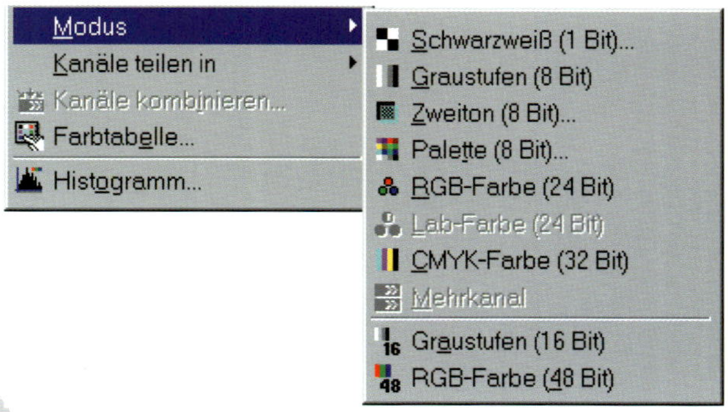

RGB-MODUS

Der Modus RGB-Farbe ist das nützlichste Farbmodell, die meisten Bilddateien erhalten Sie ohnehin in RGB. Wenn Ihr Programm bestimmte Befehle nicht anbietet oder nicht korrekt ausführt, dann verwandeln Sie Ihr Bild in den RGB-Modus mit 3x8 Bit Farbtiefe – für diesen Bildtyp stehen praktisch alle Funktionen zur Verfügung.

GRAUSTUFENMODUS

Eventuell wollen Sie Bilder per Schwarzweiß-Laserdrucker oder Fotokopierer wiedergeben. In diesen Fällen lohnt es sich, das Motiv nicht farbig zum Drucker zu schicken – wechseln Sie zu einer Graustufenansicht, machen Sie einen Probedruck und probieren Sie dann noch eine Kontrastkorrektur.

Besonders einfach verwandelt der übliche „Graustufen"-Befehl Ihre Farbvorlage in ein Schwarzweißbild; dabei werden die einzelnen Grundfarben gewichtet – Gelb, Grün und Orange kommen heller heraus als Blau oder Rot. Dennoch wirkt das Ergebnis eventuell flau, selbst eine Erweiterung des Tonwertumfangs (Seite 30) bringt nicht immer den gewünschten Erfolg. Für Grauergebnisse nach Maß greifen Sie auf die einzelnen Grundfarben einer RGB-Farbdatei zurück. Auf Basis der Grundfarbe Rot erhalten Sie im Graustufenbild sehr helle Hauttöne, während blauer Himmel hier sehr dunkel ausfällt. Das umgekehrte Resultat bringt der Blau-Kanal: hellen Himmel, tiefdunkle Hauttöne. Die Grünschicht liefert hervorstechende Pflanzen.

Farbmodus im Vergleich: Nur der RGB-Modus (oben) liefert volle Farbqualität. Die Verfahren Graustufen und Acht-Bit-Farbe benötigen jedoch zwei Drittel weniger Speicherplatz.

Acht-Bit-Farbe:
Die Beschränkung auf 256 gleichmäßig verteilte Farben führt zu deutlichen Bildmängeln. Per Streuraster (Mitte) entsteht jedoch ein besserer Eindruck. Rechts: Diese Acht-Bit-Datei enthält die 256 wichtigsten Farben der Vorlage; sie ist kaum von der ursprünglichen, hochwertigen RGB-Datei zu unterscheiden.

ACHT-BIT-FARBE

Der Farbmodus Acht-Bit-Farbe ist für GIF-Dateien im Internet wichtig (Seite 120). Er erlaubt nur 256 unterschiedliche Farbtöne – meist zu wenig, um ein übliches Farbfoto sauber darzustellen. Sie können jedoch die so genannte „Palette" der 256 verfügbaren Farben nach unterschiedlichen Kriterien zusammenstellen:

- Mit der Vorgabe „Web-Palette" oder „System" erhält das Bild eine Kombination von Farbtönen, die gleichmäßig über das gesamte Farbspektrum verteilt sind. Diese Farbtöne erscheinen unverfälscht auch auf älteren Rechnern, die insgesamt nicht mehr als 256 Farbtöne darstellen. Dies gilt auch dann, wenn Sie mehrere Acht-Bit-Bilder anzeigen – alle beanspruchen die selben 256 Farben. So stellt auch ein Rechner mit 256-Farben-Anzeige alle Bilder korrekt dar.
- Anders wirken Einstellungen wie „Flexibel", „Individuell" oder „Optimiert". Hier erhält das Bild die 256 wichtigsten Farben – eine Landschaft bekommt also eine ganz andere Farbzusammenstellung als ein Portrait. Das Ergebnis wirkt meist realistischer als Acht-Bit-Varianten mit „System"-Palette. Allerdings erscheinen solche Dateien eventuell verfälscht auf sehr alten Rechnern, die nur 256 unterschiedliche Farbtöne anzeigen. Wollen Sie die Dateigröße noch weiter senken, beschränken Sie die Zahl der Farben auf 64 oder 8.

Viele Befehle Ihres Bildprogramms funktionieren nicht bei Acht-Bit-Dateien, möglicherweise können Sie keine Montagen anlegen. Wechseln Sie also erst zum Acht-Bit-Modus, wenn die Bearbeitung abgeschlossen ist.

Graustufen und Farbe

Wenn Sie ein Farbbild kopieren und in eine Graustufendatei einfügen, geht die Farbinformation verloren – das Farbmotiv erscheint im neuen Bild nur noch in Graustufen. Verwandeln Sie also das Zielbild zunächst in den RGB-Modus. Dadurch ändert sich die Ansicht des Bildes nicht. Sie können nun jedoch Farbbilder ohne Verlust einfügen oder auch einzelne Teile des ehemaligen Graustufenbildes kolorieren.

DAS STREURASTER

Oft erscheinen Acht-Bit-Bilder mit harten Kontrastsprüngen, denn die begrenzte Zahl von 256 Farben erlaubt keine feingestuften Übergänge. Die Programme bieten jedoch eine Streurasterung, die auch „Diffusion Dithering" heißt; teilweise können Sie diese Rasterung sogar stufenlos steuern. Ein streuselartiges Mischen der verfügbaren Farbtöne simuliert hier nicht vorhandene Zwischenwerte. Diese Farbrasterung empfiehlt sich für übliche Farbfotos – die harten Konturen von plakativen Grafiken oder Schriftzügen weichen auf.
Prüfen Sie Acht-Bit-Bilder unbedingt in der Zoomstufe 100,00 Prozent oder 1:1 – alle anderen Abbildungsmaßstäbe zeigen das Ergebnis eventuell verfälscht (Seite 20).

Graustufenvariationen:
Das erste Bild entstand mit dem „Graustufen"-Befehl und Kontrastkorrektur. Bild 2 basiert nur auf der Grundfarbe Rot, Haut sticht hier hell hervor. Das dritte Ergebnis kam mit dem Blauauszug zustande, der den Himmel heraushebt. Das Graustufenergebnis in der Bildreihe ganz links entstand durch eine Mischung der Grün- und Rotanteile.

Dateitypen

Jedes Bild muss in einem genormten Dateityp vorliegen. Nur so lässt es sich in anderen Programmen problemlos öffnen. Sie erkennen den Dateityp an der Namensendung – etwa bei Bildnamen wie „Beispiel.tif“, „Beispiel. bmp“ oder „Beispiel.jpg“. Die Vorzüge und Nachteile der einzelnen Dateitypen sollten Sie unbedingt kennen.

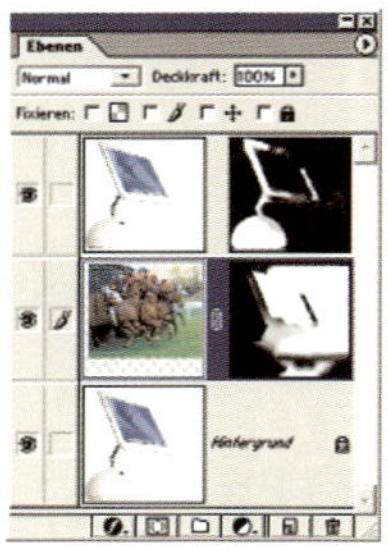

Durchbruch: Speichern Sie Montagen mit dem speziellen Dateityp Ihres Programms.

KRITERIEN FÜR DEN DATEITYP

Der Dateityp heißt auch Dateiformat, er lässt sich meist einfach wechseln: Sie wählen den Befehl „Datei/Speichern unter“ und treffen Ihre Wahl im Klappmenü „Dateityp“. Wählen Sie einen Dateityp nach Ihren Prioritäten:

- ➡ Speicherplatz sparen,
- ➡ schnelles Öffnen und Speichern,
- ➡ Verwendung auf Internetseiten (Seite 120),
- ➡ Einsatz mit Layoutprogramm, anderen Betriebssystemen oder Dienstleistern,
- ➡ Verwendung von Montageebenen, Alphakanälen, Vektorobjekten etc.

DIE WICHTIGSTEN DATEITYPEN

Beschränken Sie sich im Alltag auf wenige, gängige Dateitypen. Besonders empfehlenswert:

- ➡ TIFF: Dieser Dateityp mit der Endung „.tif“ erlaubt universelles Speichern, Austausch mit anderen Programmen und Betriebssystemen und verlustfreie Datenkomprimierung.
- ➡ JPEG: Das Dateiformat mit der Endung „.jpg“ ermöglicht hochwirksame Dateiverkleinerung bei kalkulierbarem Qualitätsverlust, und es lässt sich mit jedem Internet-Browser betrachten (Seite 116).
- ➡ Der besondere Dateityp Ihres Bildprogramms: Jedes Bildprogramm hat seinen speziellen, hauseigenen Dateityp. Nur dieser Dateityp speichert alle Spezialitäten einer komplexen Montage fehlerfrei, zum Beispiel Textebenen oder Vektorobjekte.

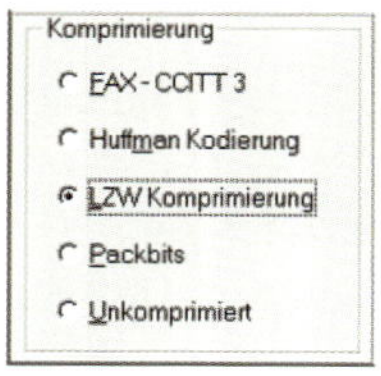

TIFF-Dateityp: Die LZW-Komprimierung spart Speicherplatz ohne Qualitätsverlust.

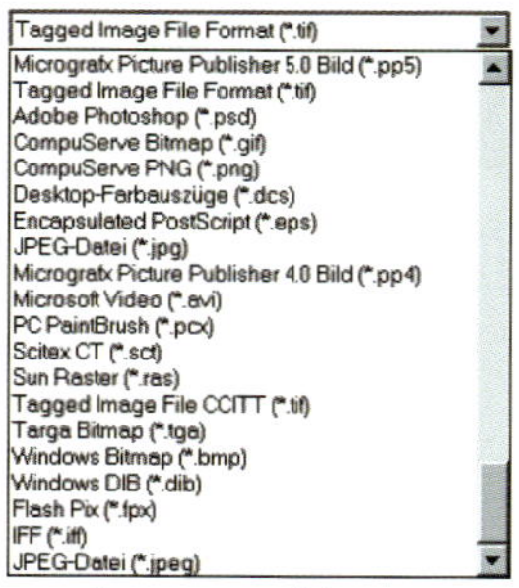

Große Auswahl: Zahlreiche Dateitypen stehen für Ihre Bilddateien zur Wahl.

STANDARDDATEITYPEN

Einige Standarddateitypen lassen sich fast beliebig austauschen: Dazu gehören PCX, TIFF, BMP, Targa („.tga") und Pict. Sie ermöglichen oft Datenkomprimierung ohne Qualitätsverlust (Seite 116). Montageebenen verschmelzen mit dem Hintergrund.
Besonders nützlich ist TIFF (auch „Tagged Image File Format"): Dieser universelle Dateityp eignet sich für die allermeisten Rechner und Programme. Nach Wahl verwenden Sie beim TIFF-Format noch die LZW-Komprimierung. Damit sparen Sie 20 oder 40 Prozent Festplattenplatz ohne Qualitätsverlust. Vermeiden Sie jedoch weitere TIFF-Möglichkeiten wie „Huffman" oder „CCITT" – sie führen zu Problemen in anderen Programmen.

SO SPEICHERN SIE IHRE MONTAGEN

Vorsicht bei Montagen: Die meisten Dateitypen verschmelzen eingefügte Montageobjekte mit dem Hintergrund (Seite 73). Wollen Sie die Collage noch umarrangieren, dann verwenden Sie das hauseigene Dateiformat Ihres Bildprogramms. Ein Beispiel: Bei Paint Shop Pro wählen Sie den Typ „Paint Shop Pro Image" mit der Endung „.psp".
Allerdings: Diese Dateitypen können Sie kaum mit anderen Programmen austauschen. Wollen Sie eine Montage aus Paint Shop Pro in einem Text- oder Layout-Programm einbauen, dann legen Sie eine Kopie im TIFF- oder JPEG-Format an. Möchten Sie ein Werk mit unabhängigen Montage-Objekten in einem anderen Bildprogramm weiterbearbeiten, dann probieren Sie den Dateityp „Photoshop" mit der Endung „.psd" – wenn er zur Verfügung steht. Solche Montagen lassen sich außerhalb von Photoshop auch in einigen anderen Programmen öffnen.

Vorsicht beim Speichern

Eventuell verträgt sich Ihr Bild nicht mit dem gewünschten Dateityp. Sie haben zum Beispiel Montageebenen eingefügt und wollen im JPEG-Dateityp speichern – JPEG akzeptiert aber keine Montageebenen. In dieser Situation bieten manche Programme JPEG gar nicht an. Andere Programme verschmelzen einfach alle Ebenen mit dem Hintergrund und warnen Sie nicht einmal.

DATEIGRÖSSEN IM VERGLEICH

Unser RGB-Beispielbild (Seite 108) mit 1536 x 1024 Bildpunkten belegt rund 4,7 Megabyte Arbeitsspeicher. Doch wie viel Platz das Bild auf der Festplatte und bei der Datenübertragung verlangt, hängt stark vom Dateityp ab.

Dateityp	Endung	Dateigröße	Hinweis
Geöffnet im Arbeitsspeicher		4,71	
TIFF ohne Komprimierung	.tif	4,61	
TIFF mit LZW-Komprimierung	.tif	3,683	verlustfrei
GIF mit Web-Palette u. Dithering	.gif	0, 737	Verlust durch Farbreduktion
Photoshop	.psd	4,61	
JPEG, Faktor 20	.jpg	0,235	Verlust kaum erkennbar
JPEG Faktor 50	.jpg	0,094	etwas Verlust erkennbar
JPEG Faktor 100	.jpg	0,047	Starker Verlust
JPEG 2000, ohne Verlust	.j2k, .jp2	2,4	verlustfrei
JPEG 2000, Faktor 25	.j2k, .jp2	0,188	Verlust kaum erkennbar
JPEG 2000, Faktor 60	.j2k, .jp2	0,078	etwas Verlust erkennbar
Bitmap	.bmp	4,74	
EPS, Binärcodierung	.eps	6,15	Druckvorstufe
PNG	.png	3,75	
Targa	.tga	4,61	
PCX	.pcx	5,260	

Komprimierung

Digitale Fotos benötigen sehr viel Arbeitsspeicher. Doch auf der Festplatte und bei der Übertragung per Internet können Sie die Datenmenge drastisch verkleinern. Die Rede ist vom sogenannten Komprimieren: Reduzieren Sie den Speicherbedarf durch die Rechentricks bestimmter Dateitypen.

VERLUSTFREIE KOMPRIMIERUNG

Manche Verfahren zur Datenverdichtung verändern die Bildqualität gar nicht. Die Programme fassen lediglich einheitliche Farbzonen zu einer Kurzinformation zusammen. Solche Verfahren laufen unter Bezeichnungen wie LZW oder RLE. Besonders gebräuchlich ist der TIFF-Dateityp mit LZW-Komprimierung. Meist sparen Sie dadurch 20 bis 30 Prozent – bei plakativen Grafiken mit großen Farbflächen auch mehr. Unsere Beispieldatei schrumpft immerhin von unkomprimierten 4,61 Megabyte auf 3,61 Megabyte als Dateityp TIFF-LZW (Seite 115). Allerdings: Öffnen und Speichern einer komprimierten Datei kosten stets besonders viel Zeit.

Sie könnten versuchen, mit einem Pack-Programm wie WinZip die Bilddaten weiter zu verkleinern – doch bei komprimierenden Dateitypen wie JPEG oder TIFF-LZW bringt das nur wenig Ersparnis.

JPEG, Faktor 20: Im Druck und am Monitor sind noch keine Bildfehler zu erkennen. Die 4,7-MB-Datei schrumpft dabei auf 235 Kilobyte.

JPEG, Faktor 50: Hier treten erste Bildfehler auf, zu erkennen an den Farbblöcken im Himmel. Dateigröße: 94 Kilobyte

JPEG, Faktor 100: Die starke Datenverdichtung auf nunmehr 47 Kilobyte erzeugt grobe Farbblöcke – das Bild wirkt entstellt.

JPEG 2000, Faktor 100: Dieser Dateityp zeigt bei Komprimierung auf ein Hundertstel des Speicherbedarfs diffuse Unschärfe ohne Blockbildung.

JPEG-KOMPRIMIERUNG MIT VERLUST

Während das TIFF-Format nur 20 bis 30 Prozent einspart, erzielen Sie mit dem JPEG-Dateityp leicht 95 Prozent Verkleinerung – ein Komprimierungsfaktor von 1:20. Dabei fliegen allerdings feine Farbdifferenzierungen aus der Datei heraus, während die wichtigeren Helligkeitswerte voll erhalten bleiben. Wegen des hohen Sparfaktors ist JPEG der Standard-Dateityp für Fotos auf Internetseiten (Seite 120).

Sie selbst legen den Komprimierungsgrad mit einem Schieberegler fest: Bis zu einer Verkleinerung von etwa 1:20 sind Bildfehler kaum zu erkennen. Die 4,71-MB-Testdatei schnurrt so auf nur noch 235 Kilobyte zusammen; Bildstörungen sehen Sie allenfalls bei hoher Zoomstufe am Monitor. Reduzieren Sie die Dateigröße auf nunmehr zwei Prozent, treten erste Fehler hervor: Sie erkennen grobe Farbsprünge, dazu eigentümliche Säume und Geisterschatten um harte Konturen. Dieser Effekt verstärkt sich dramatisch, wenn Sie den Verdichtungsfaktor 1:100 ansteuern – das Bild ist entstellt.

Übrigens – auch andere Dateitypen reduzieren auf Wunsch die Bildqualität nach dem JPEG-Verfahren. So finden Sie JPEG-Regler unter anderem für EPS, DCS, PDF, FPX und teils sogar bei TIFF.

Gründlich prüfen

Nicht alle Programme zeigen beim JPEG-Speichern bereits den Qualitätsverlust an. In diesen Fällen schließen Sie das Bild und öffnen es erneut – erst jetzt erkennen Sie die Qualität. Prüfen Sie das Ergebnis in der Zoomstufe 100 Prozent (Seite 20).

SO NUTZEN SIE JPEG IN DER PRAXIS

Jedes Programm bietet eine andere Skala zum Einstellen der JPEG-Vorgaben: Die eine Skala geht von 1 bis 100, andere reichen nur bis 12. Einmal steht der Wert „100" für höchste Bildqualität bei geringer Platzersparnis. Dann wieder bedeutet „100" äußerste Komprimierung bei minimaler Qualität. Völlig verlustfrei können Sie im JPEG-Format nicht speichern. Ein Wert im oberen Viertel der Skala wahrt die Bildinformation jedoch nahezu perfekt und bringt gute Platzersparnis.

Zusätzlich sparen Sie mit der Vorgabe „Optimiert" geringfügig Speicherplatz; allerdings öffnen ältere Programme solche Dateien nicht. Das gilt auch für die JPEG-Variante „Progressive" oder „Mehrere Durchgänge". Sie richtet sich an Internetdesigner: Das Foto wandert nicht Zeile für Zeile auf den Monitor. Stattdessen sieht der Betrachter sofort ein sehr unscharfes Gesamtbild; nach und nach wird die Darstellung deutlicher. Das „Glätten" verhindert die unschönen JPEG-Klötzchen durch Weich-zeichnen – für normale Fotos kaum akzeptabel.

DER NEUE DATEITYP JPEG 2000

Der neue Dateityp JPEG 2000 soll das herkömmliche JPEG ablösen, er verwendet meist die Dateiendungen „.j2k" oder „jp2". Der Qualitätsverlust fällt bei JPEG 200 geringer aus als beim herkömmlichen JPEG und bringt eine Platzersparnis von mindestens 20 Prozent. Alternativ verwenden Sie eine völlig verlustfreie Komprimierung die deutlich besser arbeitet als TIFF-LZW (Seite 115).

JPEG 2000 erlaubt überdies unterschiedliche Komprimierungsfaktoren innerhalb einer Datei, zum Beispiel für Hauptmotiv und Hintergrund. JPEG-2000-Dateien lassen sich in verschiedenen Auflösungen und Detailausschnitten laden. Allerdings verarbeiten derzeit nicht alle Programme den Dateityp JPEG 2000.

Die JPEG-Skala: Per Schieberegler entscheiden Sie über Dateigröße und Bildqualität.

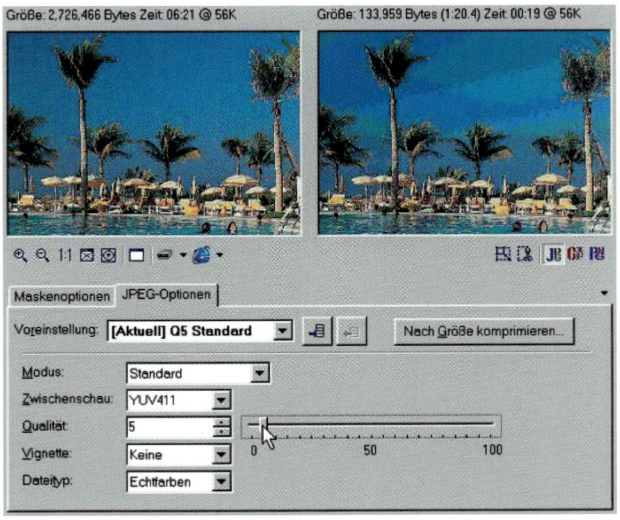

9

Internet-gestaltung

Stellen Sie Ihre Bilder ins Internet, und die ganze Welt blickt auf sie. Auf den nächsten Seiten erfahren Sie, wie Sie Ihre Fotos optimal für den Auftritt im Netz der Netze vorbereiten. Dabei besprechen wir nicht nur die Präsentation von Einzelmotiven - peppen Sie Ihren Internetbereich mit blinkenden Schaltflächen, mit Trickfilmen und ganzen Bildgalerien weiter auf.

9

Grundlagen

Wie ist eine Internetseite aufgebaut? Lernen Sie hier zunächst die Grundlagen kennen, auf den weiteren Doppelseiten folgen die Spezialitäten. Und: Nutzen Sie Internetentwürfe auch, um Projekte auf CD oder DVD weiterzugeben.

DER AUFBAU EINER INTERNETSEITE

Internetseiten heißen auch „Website" oder „Homepage". Eine einfache Internetseite besteht aus zwei Dateiarten:

- Die HTML-Datei enthält den Text der Seite, dazu interne Daten zur Seitengestaltung.
- Getrennt davon gibt es die Bilddateien, meist JPEG- oder GIF-Dateien.

Den Namen der HTML-Datei sehen Sie in der Adresszeile Ihres Internet-Browsers. Unsere Beispieldatei heißt „start.htm".

DAS STECKT IN DER HTML-DATEI

Die HTML-Datei enthält Ihren Text. Aber das ist nicht alles: Spezieller HTML-Code innerhalb der Datei bestimmt das Aussehen der Seite. Diese Daten finden Sie:

- Informationen zu Schriftart, -größe und -farbe
- Angaben zur Hintergrundfarbe oder zum Hintergrundmuster der Seite
- Verweise auf die verwendeten Bilddateien und ihre Platzierung
- so genannte Hyperlinks, mit denen Sie zu anderen Internetseiten weiterleiten
- JavaScript-Miniprogramme für Effekte

Trickreich: Mischen Sie Bild, Text und Effekte auf Ihren Internetseiten.

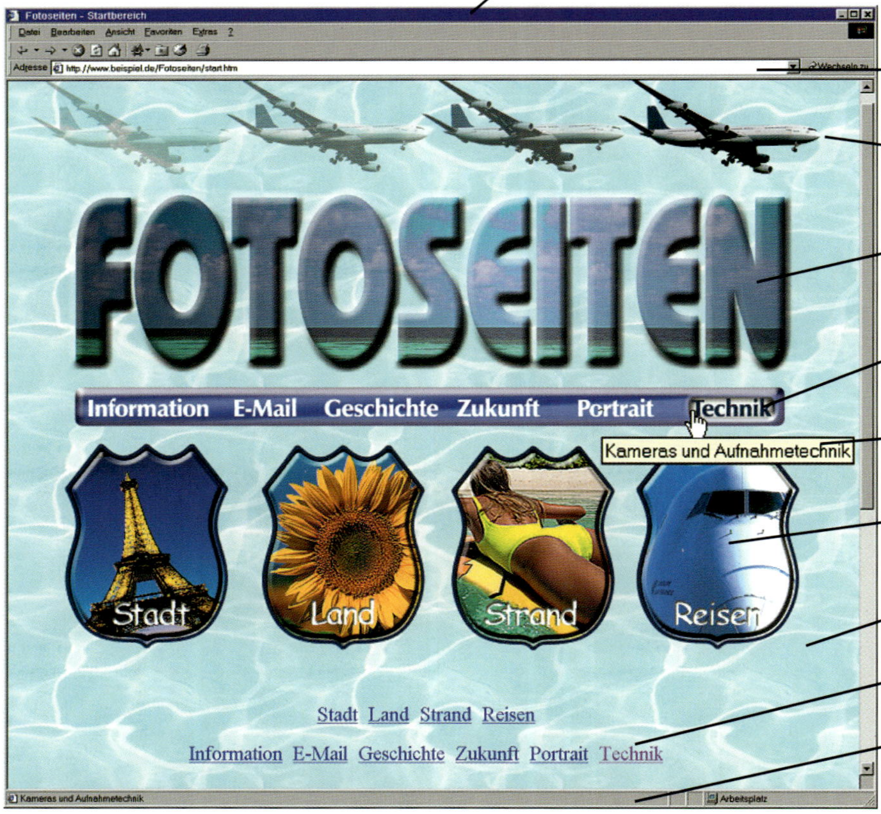

WAS IST HTML?

Den HTML-Code sehen Sie nicht im Browser-Fenster, er wird unterdrückt. Mit dem Befehl „Ansicht/Quelltext anzeigen" machen Sie den kompletten HTML-Text jedoch sichtbar. Sie können den HTML-Code hier auch bearbeiten, er erscheint meist in spitzen Klammern. Ändern Sie zum Beispiel den Text einer Einblendmeldung. Unser Beispiel unten kommentiert einige ausgewählte Zeilen aus dem HTML-Code, eine ganze Seite ist jedoch komplexer.

In der Regel haben Sie mit dem HTML-Code nicht direkt zu tun: HTML-Dateien erzeugen auch Programme zur Internetgestaltung oder Bildprogramme. Sie müssen sich um Details nicht kümmern. Auch mit Textprogrammen entstehen komplette Internetseiten. Viele Dienstleister bieten kostenlosen Speicherplatz für Ihre Internetseiten.

DATEITYPEN

Für Ihre Internetseite eignen sich nicht x-beliebige Bilddateien: Weithin lesbar sind nur die Bild-Dateiypen JPEG und GIF. Für übliche Fotos verwenden Sie den JPEG-Dateityp, der sehr wenig Speicherplatz erfordert (Seite 116). Die Bilder gelangen also rasch zum Betrachter. Viele Gestaltungsprogramme erzeugen automatisch JPEG-Dateien, sobald Sie einen Entwurf endgültig fürs Internet speichern.

Für frei ausgeschnittene Fotoobjekte, für Trickfilme, für hart konturierte Grafiken oder Schriftabbildungen verwenden Sie den GIF-Dateityp. Hier sind allerdings maximal 256 unterschiedliche Farbtöne möglich, so dass die Bildqualität schnell leidet (Seite 112).

Die meisten weiteren Dateitypen wie JPEG 2000, PNG oder TIFF erscheinen nicht in allen Internet-Browsern – der Betrachter sieht dann statt des Bildes ein leeres Rechteck.

VORSICHT DATENKLAU

Auf einfachen Internetseiten sind Ihre Fotos vor Datenklau nicht geschützt. Alle Betrachter können Ihre Bilder speichern und weiterverwenden. So holen Sie die Bilder von einer Internet-Seite:

- Sie klicken mit der rechten Maustaste auf das Foto im Internet Explorer und verwenden den Befehl „Bild speichern unter".
- Sie ziehen das Bild aus dem Internet Explorer in ein Dateiverzeichnis.
- Sie suchen die Bilder im Zwischenspeicher auf der Festplatte, zum Beispiel im Verzeichnis „Windows/Temporary Internet Files".

Schnelle Seite

Wenn Sie nur schnell ein Foto veröffentlichen wollen, stellen Sie eine schlichte JPEG-Bilddatei ins Internet – auf jeglichen HTML-Text oder -Code verzichten Sie. Die Internetadresse könnte dann so lauten: „www.beispiel.de/Bilddatei.jpg". Das Foto erscheint links oben im Browser vor weißem Hintergrund.

lles ist möglich: Nutzen Sie die ternetfunktionen der Bildprogramme r einen starken Auftritt.

```
<TITLE>Fotoseite - Startbereich</TITLE>

<BODY BGCOLOR="#FFFFFF" BACKGROUND="Muster.jpg">

<FONT face="Times New Roman><A
href="http://www.beispiel.de/Fotoseiten/stadtfotos.htm">Stadt</A></P></FONT></TD>

<A HREF="http://www.beispiel.de/Fotoseiten/stadtfotos"
ONMOUSEOVER="window.status='Fotos aus allen Weltstädten'; changeImages('Startseite_03',
'Startseite_03-over.jpg'); return true;"
ONMOUSEOUT="window.status=''; changeImages('Startseite_03', 'Startseite_03.jpg');
return true;"
ONMOUSEDOWN="changeImages('Startseite_03', 'Startseite_03-down.jpg'); return true;"
<IMG NAME="Startseite_03" SRC="Startseite_03.jpg" WIDTH=96 HEIGHT=75 BORDER=0
ALT="Unsere Stadt-Ansichten"></A></TD>
```

Überschrift für Browser-Titelleiste

Hintergrundfarbe und JPEG-Bilddatei für Hintergrundmuster

Textobjekt „Stadt" mit Hyperlink und Formatierung

Bilddateien für Rollover-Effekt mit Hyperlink, Einblendmeldung und Statuszeilen-Meldung

Kein Geheimnis: Die Angaben in der HTML-Datei können Sie mit jedem Textprogramm ändern.

Effekte & Links

Bei der Internetgestaltung kommt es auf niedrigste Dateigrößen, beste Nutzbarkeit und pfiffige Entwürfe an. Die Programme bieten Ihnen viele Funktionen für raffinierte Entwürfe – zum Beispiel aufleuchtende Schaltflächen und lebendige Hintergrundmuster.

HYPERLINKS

Hyperlinks sind „automatische Querverweise“ auf der Internetseite: Der Betrachter klickt einen Hyperlink an und landet auf einer anderen, „verlinkten“ Seite oder in einem anderen Bereich der aktuellen Seite. Als Hyperlink oder kurz „Link“ eignen sich fast alle Bestandteile einer Internetseite: Leiten Sie Ihr Publikum mit Textpassagen, mit Bildern, Bildausschnitten oder mit speziellen Schaltflächen zu anderen Internetangeboten.

Die neue Information sehen Sie im selben Bildfenster wie die ursprüngliche Seite. Alternativ legen Sie fest, dass jede neu aufgerufene Seite in einem separaten Programmfenster erscheint. Dann erhält der Betrachter die ursprüngliche und die frische Seite nebeneinander auf dem Monitor.

ROLLOVER-EFFEKTE

Typisch für Internetseiten sind Schaltflächen (auch „Buttons“) mit Reaktionsvermögen: Der Mauszeiger bewegt sich über die Schaltfläche – schon leuchtet das Element auf, es wird größer, es wackelt. Dazu sehen Sie eine gelb unterlegte Einblendmeldung und einen Hinweis unten in der Statuszeile. Sobald Sie die Schaltfläche anklicken, erscheint sie eingedrückt. Dieser sogenannte „Rollover-Effekt“ erfordert drei verschiedene Bilddateien plus JavaScript-Code in einer HTML-Datei. Sie können Rollover-Schaltflächen mit den meisten Bildprogrammen anlegen.

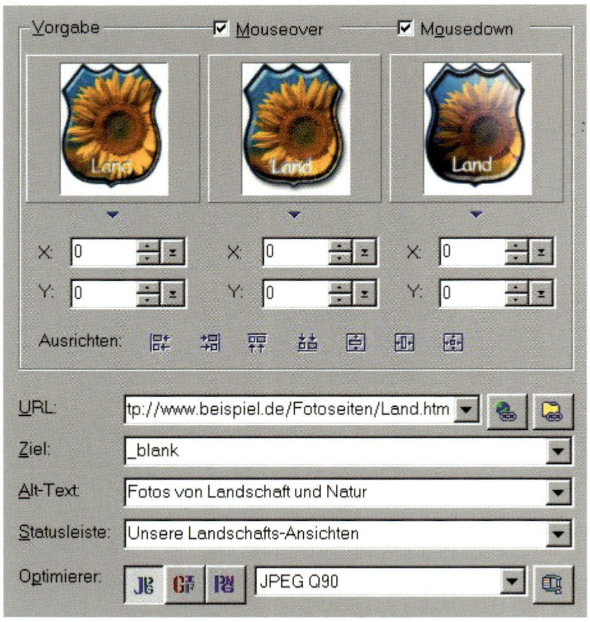

Vorbereitung: Arrangieren Sie die Schaltflächen im Rollover-Dialogfeld.

**Wechselhaft:
Die Schaltfläche verändert sich bei Mauskontakt und beim Anklicken.**

SCHALTFLÄCHEN

So entstehen Rollover-Schaltflächen:

1. Legen Sie zunächst eine einzelne Schaltfläche als neue Montageebene an; sie stellt den nicht ausgewählten Zustand dar. Man verwendet vor allem die Text-Funktion (Seite 82), die 3D-Effekte und die Form-Werkzeuge der Bildprogramme. Arbeiten Sie möglichst in Vektortechnik (Seite 106).
2. Sobald Sie endgültig zufrieden sind, duplizieren Sie die neue Schaltfläche zweimal. Das erste Duplikat erhält neue Effekte für die Situation, wenn der Mauszeiger über die Schaltfläche gelangt: Fügen Sie einen Lichthof, stärkere Kanten oder tiefere Schatten hinzu.
3. Mit dem dritten Objekt gestalten Sie die Schaltfläche für den Moment des Anklickens. Kehren Sie zum Beispiel den 3D-Effekt von Objekt 1 um.
4. Im Rollover-Dialogfeld fügen Sie Hyperlinks und Einblendmeldungen hinzu, dann speichern Sie das Ergebnis als drei Einzelbilder plus HTML-Datei.
5. Den Code aus der HTML-Datei kopieren Sie in die HTML-Datei für Ihre Gesamtseite. Die drei Bilder für die Schaltfläche stellen Sie zusammen mit der fertigen HTML-Seite ins Internet.

HINTERGRUNDMUSTER

Viele Internetseiten zeigen als Seitenhintergrund nicht eine einzelne Farbe, sondern ein Muster – eine feine Struktur, Farbwolken, Sterne oder auch das wiederkehrende Symbol einer Firma. Dieses Hintergrundmuster heißt auch „Kachel", es besteht nur aus einer einzelnen kleinen Bilddatei. Die Bilddatei mit dem Muster wird lediglich einmal zum Betrachter übertragen. Der Internet-Browser wiederholt das Bildchen so oft, bis es die Seite komplett ausfüllt. In der HTML-Datei legen Sie durch einen bestimmten Code fest, welche Datei als Hintergrundmuster dient. Diesen Code können Sie oft auch mit Ihrem Bildprogramm erzeugen.

Der Trick dabei: Die Randbereiche dieser Hintergrunddatei sind so gestaltet, dass keine Stoßkanten sichtbar werden – Sie sehen ein nahtloses Muster auf der Seite. Viele Programme erzeugen solche Muster automatisch. Ihre Möglichkeiten:

- Sie mischen verschiedene Farbtöne zu abstrakten Gebilden, die sich endlos wiederholen.
- Sie verwenden einen Teil aus einem vorhandenen Foto oder aus einer Grafik – zum Beispiel Reflektionen auf dem Wasser. Die Ränder arbeiten Sie durch Überblendung so um, dass sich die Kanten nahtlos aneinanderfügen. Diese Aufgabe erledigen Bildbearbeitungsprogramme meist automatisch.

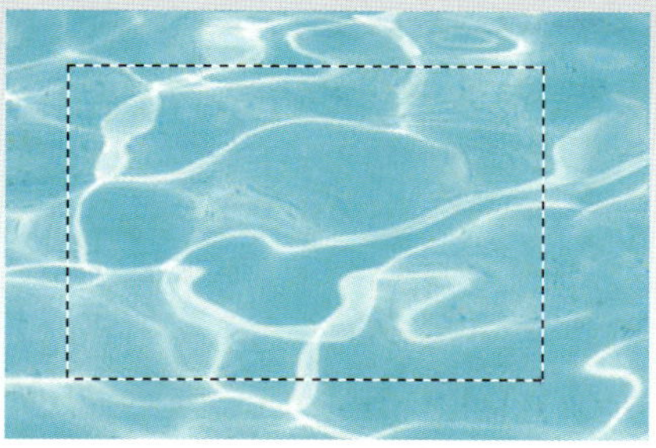

Der gewählte Ausschnitt eignet sich nicht als nahtloses Hintergrundmuster ...

... die Stoßkanten sind deutlich zu sehen. Erst nach einer Angleichung der Kanten ...

... entsteht ein Bild mit nahtlos kombinierbaren Rändern ...

... wie der Test in der Mustervorschau zeigt.

Weniger Arbeit

Einige Programme liefern fertige Schaltflächen und Schaltergruppen für Rollover-Effekte mit. Kostenlose Schalter und Hintergrundmuster finden Sie auch im Internet.

Bilder aufteilen

Zerlegen Sie Ihr Bild in verschiedene Teile, die Sie individuell weiterbehandeln. So entstehen besonders vielseitige und raffinierte Internetseiten.

DIE BILD-SEGMENTIERUNG

Zerlegen Sie Ihr Foto in so genannte Slices (sprich „Slaißes", Englisch für „abgeschnittene Stücke"). Jedes dieser Bildsegmente lässt sich dann individuell bearbeiten. Beim Speichern erhalten Sie also eine ganze Reihe von Teilbildern, dazu kommt eine neue HTML-Datei. Der Code aus dieser Datei stellt sicher, dass die einzelnen Fotosegmente auf Ihrer Seite nahtlos zu einem Gesamtbild zusammenwachsen; er enthält zudem die Hyperlinks und Einblendtexte.

Die Slice-Technik bietet viele Vorteile:

➡ Einzelne Bildteile kommen schneller beim Betrachter an.

➡ Speichern Sie die Segmente mit individuellen Vorgaben. Zum Beispiel wenden Sie innerhalb einer größeren Collage für fotografische Motivbereiche andere Dateitypen und Komprimierungsraten an als für Grafisches, Schriftzüge oder diffuse Hintergründe.

➡ Statten Sie jedes Bildstück mit einem eigenen Hyperlink aus.

➡ Planen Sie für jedes Element eigene Einblendtexte.

➡ In einzelnen Segmenten läuft auf Wunsch ein Trickfilm ab – wie der Ballon auf unserer Startseite.

➡ Legen Sie für jedes Teilstück einen Rollover-Effekt an (Seite 122), so dass der Bereich bei Mauskontakt aufleuchtet oder wackelt. Für solche Slices entstehen dann gleich mehrere Bildsegmente.

Guter Einstieg: Diese Startseite mischt Schaltflächen und Montageelemente.

SO ENTSTEHEN SLICES

Fast jedes Bildprogramm erzeugt Slices. Ein typisches Verfahren:

1. Sie öffnen die Bilddatei, die Sie in Slices zerlegen möchten.
2. Sie schalten das messerförmige Slice-Werkzeug ein und ziehen Linien im Bild – die Umrisse der neuen Slices.
3. Klicken Sie ein einzelnes Segment an, das später ein separater Slice wird. In einem Dialogfeld nennen Sie speziell für dieses Slice die Einblendmeldung, den Hyperlink und alle Dateityp-Vorgaben.
4. Klicken Sie weitere Slices an, und richten Sie die Eigenschaften individuell ein.
5. Speichern Sie die Slice-Konstruktion mit den verschiedenen Bilddateien und separatem HTML-Code.
6. Kopieren Sie den HTML-Code in Ihre Internetseite, und kopieren Sie die Bilder in das erforderliche Verzeichnis.

Sie müssen die Slice-Grenzen nicht immer mit dem Slice-Werkzeug ziehen. Manchmal kann man eine einzelne Montageebene direkt als eigenen Slice angeben. Der Vorteil: Sobald Sie die Größe der Montageebene ändern oder einen breiten Schatten hinzufügen, passen sich die Slice-Umrisse an.

IMAGE-MAPS

Die Image-Map erinnert an Slices: Auch hier haben Sie eine Bildansicht mit mehreren Hyperlinks und Einblendtexten. Allerdings: Die Image-Map besteht nur aus einem einzigen Foto, sie wird nicht in Teilbilder zerlegt. Rollover-Effekte oder Trickfilme können Sie darum nicht in eine Image-Map einbauen. Der Vorteil: Sie können die einzelnen Bildzonen nicht nur als Rechteck anlegen, sondern auch als freie Form mit beliebigem Umriss. Ein typisches Beispiel für Image-Maps sind Landkarten mit Hyperlinks zu unterschiedlichen Regionalinformationen.

Rahmen Sie die gewünschten Bildbereiche einfach mit dem Image-Map-Werkzeug ein. Alternativ legen Sie direkt einzelne Ebenen Ihrer Montage als Image-Map-Zone fest.

FREIFORM-AUSSCHNITTE

Auf der Internetseite erscheinen Ihre Bilder zunächst mit rechteckigem Umriss. Vielleicht wollen Sie jedoch ein Objekt oder einen Schriftzug frei ausgeschnitten auf die Seite stellen, so dass das Hintergrundmuster durchscheint. Beispiele: das freigestellte Flugzeug, die Schaltflächen und der Schriftzug auf Seite 120.

Nutzen Sie die sogenannte Transparenzfunktion des GIF-Dateityps (Seite 120): Sie legen in der Datei einen Farbton fest, der auf der Internetseite unterdrückt wird – der restliche Bildinhalt erscheint frei ausgeschnitten. Am besten wählen Sie das Motiv zunächst mit Lasso und Zauberstab aus, heben es auf eine neue Montageebene und verwenden dann die so genannte GIF-Exportfunktion.

Weil GIF-Dateien jedoch nur 256 unterschiedliche Farbtöne enthalten, wirken fotografische Motive eventuell verfälscht. Abhilfe: Speichern Sie im JPEG-Dateityp mit voller Farbtiefe (Seite 110), und montieren Sie die Hintergrundfarbe oder das Hintergrundmuster Ihrer Internetseite direkt unter das Hauptmotiv. Das ist auch eine Lösung für weiche Übergänge, etwa für Schatten.

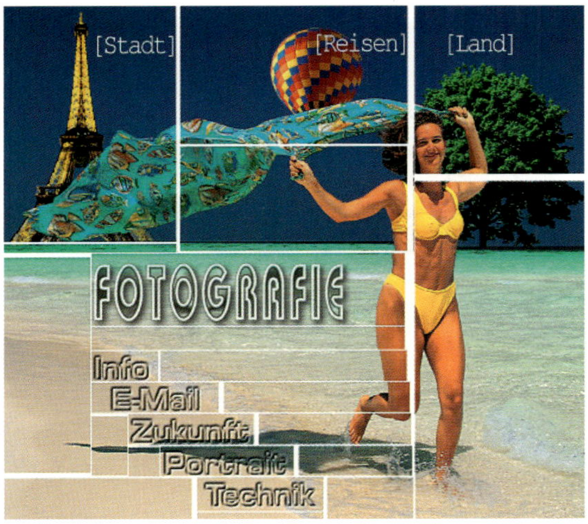

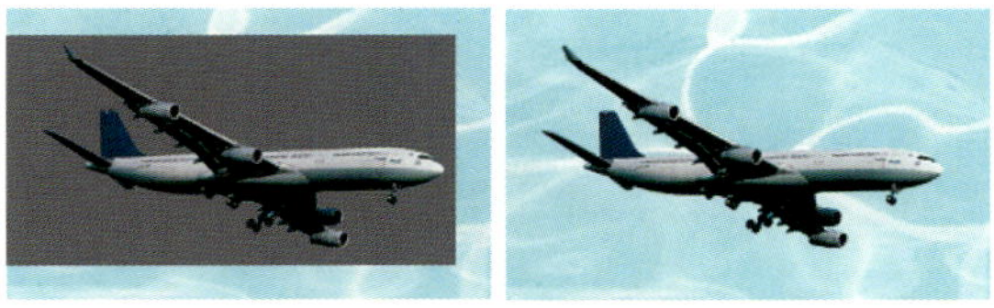

Kein Hintergrund: Nur beim GIF-Dateiformat können Sie ein Objekt frei ausgeschnitten montieren, so dass Sie den Hintergrund erkennen.

So sieht es Ihr Publikum hoffentlich nie: Die Startseite ganz links besteht aus zahlreichen Bildsegmenten, die hier bewusst getrennt wurden.

Trickfilme

Trickfilme bringen Leben auf Ihre Internetseiten. Von kleinen blinkenden Hinweisen bis zu komplexen Bildübergängen ist alles möglich. Diese so genannten „Animationen“ entstehen ohne viel Mühe mit Ihrem Bildprogramm. Man redet vom „Animieren“ einzelner Fotos, spezielle Programme zur Produktion von Trickfilmen tragen oft die Bezeichnung „Gif-Animator“.

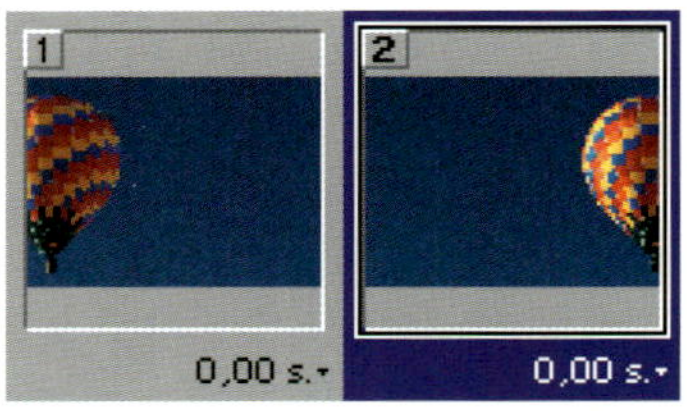

Bewegung: Die zwei Einzelbilder des Trickfilms zeigen unterschiedliche Positionen für die Ballonebene.

EFFEKTE FÜR TRICKFILME

Für Ihren ersten Internettrickfilm brauchen Sie kein Diplom von der Filmhochschule. Nehmen Sie ein Einzelfoto und ein Bildprogramm – schon zucken Blitze, Laserstrahlen, Sonnenbälle oder Feuerwerk durch Ihre Aufnahmen. Ihr Schnappschuss wackelt, wabert und rotiert, oder er kippt um. Binden Sie ein weiteres Bild in Ihre Produktion ein. Nun sind interessante Übergänge möglich: Motiv 1 schrumpft zusammen und bläht sich wieder auf – aber jetzt als Motiv 2. Dieses Verfahren haben wir für unseren Obstfilm verwendet. Dazu kommen viele weitere Übergänge: Jalousien, Papierrollen, Irisblenden oder Uhrzeiger geistern durchs Foto, und Schritt für Schritt mutiert Bild 1 zu Bild 2. Hängen Sie weitere Aufnahmen an, und so entsteht eine komplette Revue.

Alternativ verändern Sie nur einzelne Montageebenen, während sich am Hintergrundmotiv nichts tut: In unserem Beispiel zieht ein Fesselballon seine Bahn über blauem Himmel, der sich nicht mitverschiebt. Typisch für kommerzielle Internetseiten sind Schriftzüge, die durch ansonsten starre Werbebilder rasen. Blenden Sie ein Objekt stufenweise aus, lassen Sie es rotieren oder allmählich aufleuchten. Sie legen hier nur einzelne Schlüsselbilder fest, das Programm errechnet automatisch die Zwischenstufen. Dieses Verfahren heißt auch „Tweening“, abgeleitet vom englischen Wort „between“ für „dazwischen“.

DIE PRAXIS

Bildprogramme präsentieren den Trickfilm meist in einem Filmstreifen, der jedes Einzelbild zeigt. Gestalten Sie jedes Einzelbild nach Belieben. Sie legen jeweils die Standzeit fest, für den Gesamtfilm nennen Sie die Zahl der Wiederholungen. Sie können Einzelbilder löschen oder verschieben, alternativ kehren Sie die Richtung um.

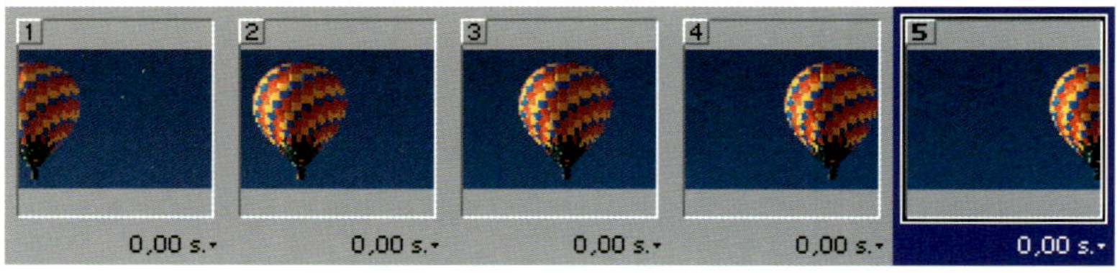

Das Bildprogramm rechnet automatisch weitere Zwischenbilder hinzu.

Zeitlauf: Das zweite Motiv tritt allmählich hervor.

GIF-TRICKFILME

Trickfilme für Internetseiten speichern Sie meist mit dem Gif-Dateityp: Alle Einzelbilder befinden sich dabei innerhalb einer einzigen Datei. Bildprogramme, die auf Gif-Trickfilme nicht vorbereitet sind, zeigen allerdings nur das erste Einzelbild. Der Gif-Dateityp erlaubt freilich nur 256 unterschiedliche Farbtöne, die feinere Farbabstufung üblicher Fotos simuliert man mit Tricks (Seite 52).

Ein Vorteil von Gif ist jedoch die sogenannte Transparenz: Ein animiertes Bildobjekt bewegt sich frei ausgeschnitten über die Internetseite, es erscheint nicht in einem starren Rechteck. So sehen Sie auch unter dem Flugzeug auf Seite 120 stets den passenden Seitenhintergrund und nicht etwa Details aus dem Flugzeug-Foto.

Vorsicht allerdings: GIF-Trickfilme kosten viel Speicherplatz. Soll der Betrachter nicht ewig auf die Übertragung warten, dann senken Sie die Datenmenge mit diesen Verfahren:

1. Reduzieren Sie die Zahl der möglichen Farbtöne zum Beispiel auf 64 oder 32.
2. Senken Sie die Zahl der Einzelbilder.
3. Kappen Sie Bildrand, oder rechnen Sie die Bildpunktzahl herunter.

Zuverlässige Vorschau

Beurteilen Sie die Geschwindigkeit und die Bildfolge Ihres Trickfilms nicht nur im Bildprogramm. Prüfen Sie das Ergebnis auf jeden Fall auch in der Browser-Vorschau, bevor Sie den Trickfilm für alle sichtbar ins Internet stellen.

TRICKFILM-TYPEN

Wenn Sie den Trickfilm nicht per Internet vorführen, sondern zum Beispiel auf CD weitergeben, spielt die Datenmenge kaum eine Rolle. Sie können dann sehr große Gif-Trickfilme anlegen oder auch weitere Dateitypen verwenden: Zu den bekanntesten Film-Dateitypen gehören AVI, MPEG oder Quicktime mit der Endung „.mov“. Je nach Vorgabe bleibt hier die volle Farbqualität erhalten.

Eine Besonderheit ist der Flash-Dateityp mit der Endung „.swf“. Diese Trickfilme lassen sich auf der Internetseite anhalten oder zoomen, sie enthalten auch Ton. Flash-Trickfilme eignen sich exzellent für Text und Vektorgrafik; für bewegte Fotos bieten sie kaum Vorteile.

Wandlungsfähig: Rechnen Sie erfrischende Übergänge in Ihre Trickfilme.

Diaschau digital

Nun haben Sie alle Techniken und Hintergründe der Bildbearbeitung am PC kennen gelernt. Besprechen wir zum Schluss, wie Sie Ihre gesammelten Werke besonders einfach und wirkungsvoll präsentieren: mit einer Fotoschau am Monitor. Stellen Sie ganze Bildgalerien ins Internet, oder zeigen Sie Freunden zu Hause Ihre Topmotive in einer Diaschau am PC.

BILDGALERIE IM INTERNET

Alle Bilddatenbanken und einige Bildprogramme erzeugen Bildgalerien für Ihre Internetseiten. Dabei entsteht ein Bildkatalog mit zahlreichen Miniaturansichten. Ihre Originalbilder verändern sich nicht, die Programme legen in neuen Verzeichnissen Kopien aller Motive an. Sie stellen diese Kollektion ins Internet oder geben sie auf CD weiter. Klickt der Betrachter auf eine Bildminiatur, erscheint das vergrößerte Einzelbild.

DIE GALERIE MIT ALLEN FINESSEN

Für Einzelbilder und Miniaturen Ihrer Internetgalerie geben Sie die gewünschte Größe in Bildpunkten an. Nach Bedarf zeigen Sie Dateinamen, Speicherdatum oder Bildunterschriften unter Ihren Motiven. Sie bestimmen Seitenüberschriften und Hintergrundmuster. Bildtexte oder Bildrähmchen ändern die Farbe, sobald das Foto einmal angeklickt wurde.
Einzelbilder wie auch Miniaturen liegen weiterhin als übliche Bilddateien vor. Sie können diese Dateien nachträglich im Bildprogramm verändern – zum Beispiel mit Rahmen, geänderten Bildausschnitten, frei ausgeschnittenen Formen etc. Mit weiteren Programmen korrigieren Sie nach Bedarf andere Eigenschaften der fertigen Internetseite; etwa die Überschriften oder das Hintergrundmuster.

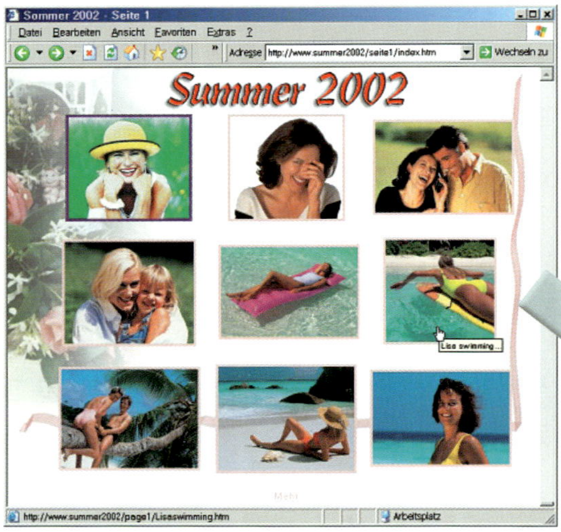

Ihr Auftritt im Netz: Präsentieren Sie Ihre besten Bilder in einer Internetgalerie. Per Klick auf die Miniatur erscheint das vergrößerte Einzelbild.

DIE DIASCHAU AM MONITOR

Alle Bilddatenbanken produzieren eine Diaschau am Monitor. Ihre Motive flimmern gleichmäßig im Zehn-Sekunden-Takt vorbei, alternativ schalten Sie per Tastendruck weiter. Führen Sie die neuesten Urlaubsschnappschüsse im Freundeskreis vor, oder lassen Sie aktuelle Zwischenergebnisse Revue passieren. Die Diaschau-Funktion vergrößert Ihre Vorlagen automatisch auf Monitormaße, sie bietet Zufallsreihenfolge und Musikuntermalung an. Möglich sind auch individuelle Tondateien und Standzeiten für einzelne Bilder – so entstehen komplexe, automatisierte Diavorträge.

Groß und langsam

Vorsicht: Je größer die Bildmaße Ihrer Internetexponate, desto höher die Datenmenge – und desto länger wartet Ihr Publikum auf die Übertragung. Aber auch die Qualitätsstufe für JPG-Bilddateien entscheidet über die die Dateigröße (Seite 116).

DIASCHAU ZUM WEITERGEBEN

Wollen Sie die Diaschau weitergeben, zum Beispiel auf CD-ROM oder per Internet? Dann wird es schon schwieriger. Besonders vielseitige Diaschauen können Sie nur dann an Bekannte weitergeben, wenn das jeweilige Programm auch auf deren Rechner vorhanden ist. Nicht immer können Sie die Bildfolge so zum Weitergeben speichern, dass sie ohne das ursprüngliche Programm auf anderen Rechnern läuft.

Bietet Ihr Programm jedoch eine Diaschau zum Weitergeben an, dann fehlen oft Tonuntermalung oder Übergangseffekte. Achten Sie auch auf mögliche technische Voraussetzungen, wenn die gespeicherte Diaschau auf einem anderen Rechner laufen soll – manchmal sind Programme wie Acrobat Reader, Internet Explorer oder Quicktime erforderlich.

IHR DIGITALES FOTOSTUDIO

Gefallen Ihren Freunden die Exponate in der Monitor-Diaschau? Von der Kontrastkorrektur zur Montage, von der Farbtiefe bis zur Bildarchivierung kennen Sie jetzt alle Verfahren. Bestimmt werden Sie oft gefragt, ob Sie für andere retuschieren, montieren oder ausdrucken können. Toben Sie sich aus: Nur Ihre Fantasie setzt die Grenzen bei Montagen und Collagen. Obendrein macht die Bildbearbeitung auch noch Spaß – besonders, wenn man wieder einmal ein völlig unterbelichtetes Motiv verblüffend aufpolieren kann. Nichts ist unmöglich, (fast) alles wird gut.

Die Schau am Schirm: Arrangieren Sie Ihre Bilder für die Diaschau am Monitor.

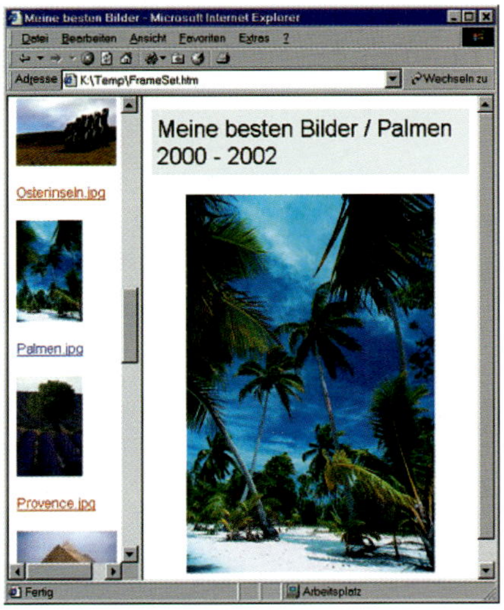

Übersichtlich: Diese Internetgalerie zeigt Motivauswahl und vergrößertes Einzelbild in einem einzigen Fenster.

Der Beamer projiziert Ihre Bilddateien auf die Leinwand.

Bildprogramme

Möchten Sie unsere Tipps mit Ihrem Bildprogramm exakt nachvollziehen, oder stehen Sie erst vor dem Kauf eines Bildprogramms? Auf den folgenden zwei Doppelseiten stellen wir die wichtigsten Programme mit Ihren Stärken und Schwächen vor. Danach erhalten Sie konkrete Tipps und Hintergrundinformationen, wie Ihr Bildprogramm die Aufgaben aus diesem Buch löst. Schließlich finden Sie auf Seite 143 noch das Stichwortregister.

Wir besprechen hier wichtige Bildprogramme aller Preisklassen in alphabetischer Folge, und wir geben konkrete Empfehlungen: Welches Programm ist optimal für welche Aufgabe? Beachten Sie jedoch: Im schnelllebigen Software-Markt ändert sich laufend alles. So verschmelzen wegen der Fusion der Firmen Corel und Micrografx vermutlich die Programme PhotoPaint (Bestandteil von CorelDraw) und Picture Publisher. Hinweise, wie Sie die Verfahren aus diesem Buch mit den einzelnen Programmen konkret umsetzen, finden Sie im Bereich „Tipps & Hintergründe" ab Seite 134.

DER MARKT FÜR BILDPROGRAMME

Der Markt für Bildprogramme gliedert sich in fünf Segmente:

- teure Profiprogramme wie Photoshop zwischen 460 und 1300 Euro
- ehrgeizige Mittelklasse-Produkte wie Paint Shop Pro um 150 Euro
- bunte Spaßprogramme für Einsteiger à la PictureIt um 40 Euro
- Kostenloses wie Gimp
- Software aus den Drucker-, Scanner- oder Digitalkamera-Paketen

Allerdings gibt es immer wieder Austausch zwischen diesen Segmenten. So erhalten Sie ältere, einstmals teure Programmversionen zum Schnäppchenpreis – und diese Oldies eignen sich durchaus noch für viele Aufgaben. Außerdem bringen manche Hersteller abgespeckte Spezialversionen ihrer Programme heraus; zu diesen Billigausgaben zählen etwa Photoshop Elements oder CorelDraw 9 Essentials. Solche Sparversionen liegen mitunter auch Scannern, Druckern oder Digitalkameras bei; sie tragen Namenszusätze wie Limited Edition (LE) oder Special Edition (SE). Gegen Zuzahlung erstehen Sie die leistungsfähigere aktuelle Vollversion.

Oft können Sie 30-Tage-Testfassungen aus dem Internet herunterladen, wir nennen jeweils die Internet-Adresse. Allerdings: Dabei wandern meist 30 bis 60 Megabyte durchs Netz, der Transfer dauert also länger.

WELCHES PROGRAMM IST DAS BESTE?

Nehmen wir das Fazit vorweg: Das insgesamt beste Rundum-Programm für engagierte Bildgestalter ist – trotz einiger Mängel – der teure Photoshop 7.

Im Bereich der Mittelklasse-Programme bis 150 Euro gibt es dagegen keine eindeutige Empfehlung: Bestleistungen bei Fotomontage und Korrekturfunktionen liefern Paint Shop Pro 7 und CorelDraw 9 Essentials. Die weitaus besten Internetverfahren hat dagegen PhotoImpact 7 parat.

Die günstigen Spaßprogramme, die Scanner-und Digitalkamerabeilagen wie auch die kostenlosen Programme aus dem Netz überzeugen nicht. Interessant sind allenfalls die mitgelieferten Fertigmontagen der Spaßprogramme. Wer jedoch schnell ein Bildprogramm braucht, besorgt sich Gimp 1.2 oder die 30-Tage-Version von PhotoLine 32 8.5 aus dem Internet – die Datenmenge ist jeweils noch erträglich, und ein Versuch lohnt allemal.

Photoshop 7: Das teure Profiprogramm bietet Höchstleistung bei Montage, Kontrastkorrektur und Internet-Gestaltung.

DIE PROGRAMME DER PROFIKLASSE

Die Profiklasse der Bildprogramme kostet nicht nur viel Geld. Sie benötigen auch einen extrastarken Rechner und Bereitschaft zur Einarbeitung.

CorelDraw 10: Zur 560 Euro teuren Grafiksoftware-Sammlung CorelDraw 10 (www.corel.de) gehört auch die Bildbearbeitung PhotoPaint 10, die eine Qualitätsstufe unter Photoshop rangiert. Gut wirken vor allem künstlerische Effekte, Montage und Oberfläche. Textwerkzeug und Web-Design gerieten schwächer. Eine günstige Alternative bietet die Sonderausgabe CorelDraw 9 Essentials (siehe rechts).

Painter 7: Das 460-Euro-Programm für Windows und Macintosh leistet Unerreichtes beim künstlerischen, „natürlichen" Malen (www.procreate.com). Es bietet besonders viele Optionen für die Anwendung eines Grafiktabletts und ausgefallene Spezialeffekte. Die sonstige Korrektur- und Montage-Technik wirkt äußerst umständlich. – Die Billig-Version „Painter Classic" liegt Grafiktabletts bei.

Photoshop 7: Montage, Kontrastkorrektur, Retusche, Internetdesign, Druckvorstufe – Photoshop setzt die Standards unter Windows und am Macintosh, die Konkurrenz kopiert (www.adobe.de). Oberfläche und Bedienung sind schnörkellos professionell. Allerdings finden Sie im Programmpaket nicht nur Photoshop 7, im Lieferumfang ist auch das separate Programm ImageReady 7 enthalten. Es bietet zusätzliche Spezialitäten für Internetgestalter. Bequemer wäre es freilich, wenn die Programmierer die Funktionen von ImageReady noch bei Photoshop untergebracht hätten. Das 1160-Euro-Programm von Adobe läuft in den meisten Fotostudios und Agenturen. Der Vorgänger Photoshop 6 zeigt im Vergleich dazu Schwächen bei der Oberfläche und beim künstlerischen Malen. Interessante Alternative: der Billig-Ableger Photoshop Elements (Seite 132).

MITTELKLASSE-PROGRAMME

Heftige Konkurrenz herrscht bei den Programmen zwischen 70 und 150 Euro. Allerdings erledigt kein Kandidat alle Aufgaben gleichermaßen mit Bravour: Mal liegt der Schwerpunkt auf der klassischen Montage, andere Anbieter betonen Internetgestaltung und vorgefertigte Effekte. Die meisten Hersteller liefern eine separate Bilddatenbank mit, teilweise erhalten Sie zudem Programme für Grafik-Design oder Internet-Trickfilme (Gif-Animationen).

CorelDraw 9 Essentials: Die Billigausgabe des teuren CorelDraw 10 (siehe Profiklasse) ist ein echtes Schnäppchen: Zur Bildbearbeitung liegt das Programm PhotoPaint 9 Essentials bei (www.corel.de). Es bietet die beste Montage der Mittelklasse, dazu tolle Effekte, starke Pinsel und eine sehr vielseitige Oberfläche. Allerdings schwächelt das Programm bei Inter-

PhotoPaint 10: Die Bildbearbeitung aus dem CorelDraw-Paket glänzt durch raffinierte Montagetechnik.

PhotoImpact 7: Internetgestaltung und Grafikdesign gehören zu den Stärken des Mittelklasseprogramms.

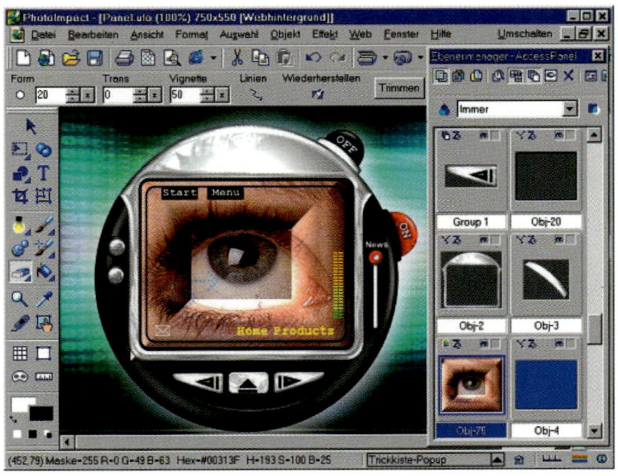

Bildprogramme

netdesign und Textwerkzeug. Außerdem liegen im Paket Programme zum Grafikdesign und die Bilddatenbank Cumulus SLE bei.

Paint Shop Pro 7: Das Programm von Jasc bietet besonders gute Auswahl- und Montage-Technik (www.jasc.de) – darin belegt es nach CorelDraw 9 Essentials den zweiten Platz in der Mittelklasse. Gelungen ist auch das Text-Werkzeug. Die Internetgestaltung landet mit deutlichem Abstand zu PhotoImpact 7 auf Platz zwei in der Mittelklasse; interessant ist vor allem das separate Programm für Trickfilme. Wir vermissen jedoch die Aufzeichnung von Befehlsfolgen. Die kleine eingebaute Bilddatenbank ist schnell, aber schlicht.

Paint Shop Pro 7 Anniversary Edition: In der speziellen „Anniversary Edition“ (AE) enthält Paint Shop Pro 7 zusätzliche künstlerische Effekte und eine separate Bilddatenbank.

PhotoImpact 7: Das Programm von Ulead bietet die bei weitem beste Internet-Funktionen seiner Preisklasse (www.ulead.de). Mühelos und vielseitig erzeugt die Ulead-Software Hintergrundmuster, Schriften mit Blink- und Lauffeffekt, aufleuchtende Schaltflächen, Einblendmenüs und komplette Web-Layouts samt HTML-Text und Grafik. Nach Wahl nutzt der Anwender die mitgelieferten, korrigierbaren Objekte und Vorlagen; alternativ werden die Seitenelemente frei gestaltet. Stark auch die Textfunktion und die separaten Programme für Bildarchivierung und Trickfilme. Die Montage-Technik überzeugt jedoch nicht.

PhotoLine 32 8.5: Die Testversion des kleinen Bildprogramms lässt sich schnell aus dem Internet herunterladen (www.pl32.de). Neben Photoshop Elements ist PhotoLine das einzige Mittelklasseprogramm, das auch am Macintosh läuft. Grafiker finden Spezialitäten: Das Programm des Bad Gögginger Herstellers ComputerInsel erzeugt ungewöhnlich vielseitige Linien, Pfeilspitzen, Figuren und Textobjekte auf Vektorbasis, dazu kommen mehrseitige Kalender und gute Diaschauen zum Weitergeben. Schwächen finden sich bei der Montage, eine Bilddatenbank fehlt, die Bedienung verwirrt Einsteiger.

Photoshop Elements 2: Der Billigableger des teuren Profi-Programms Photoshop, Version 7, von Adobe bietet solide Leistungen bei Montage und Kontrastkorrektur (www.adobe.de). Allerdings zeigt Photoshop Elements 2 in keiner Disziplin Spitzenleistungen, Befehlsfolgen werden nicht aufgezeichnet. Stärken zeigt das Programm bei Internetgalerien, Diaschauen zum Weitergeben und bei der Automatikkorrektur. Das Programm liegt eventuell auch Scannern und Druckern bei.

Photoshop LE: Diese dramatisch gerupfte Ausgabe des Profiprogramms Photoshop, Version 5, bietet solide Montage und Kontrastkorrektur – und sonst gar nichts: Man vermisst u.a. mehrfaches Widerrufen, Aufzeichnen von Befehlsfolgen, Bilddatenbank, korrigierbare Textobjekte, perspektivische Verzerrung oder Spezialitäten für Internetgestalter (www.adobe.de).

Picture Publisher 10: Das Programm meistert CMYK-Farbmodus und 16 Bit Farbtiefe pro Grundfarbe ohne Murren – das sind Profi-Funktionen (www.micrografx.de). Assistenten und Automatik-Funktionen erlauben aber auch Neulingen der Bildbearbeitung einen stressfreien Einstieg. Dennoch zeigt Picture Publisher 10.0 kaum Glanzleistungen und kann die Konkurrenten in keiner Disziplin übertrumpfen. Zum Lieferumfang gehört eine kleine Bilddatenbank. Eine drastisch abgespeckte Billigversion gibt es unter der Bezeichnung Picture Publisher 10 Digital Camera Edition. Hier fehlen viele wichtige Funktionen, allerdings liegt die Bilddatenbank unverändert bei.

PhotoLine 32 8.5: Das kleine Bildprogramm bietet vielseitige Textfunktionen und eine Kalenderautomatik.

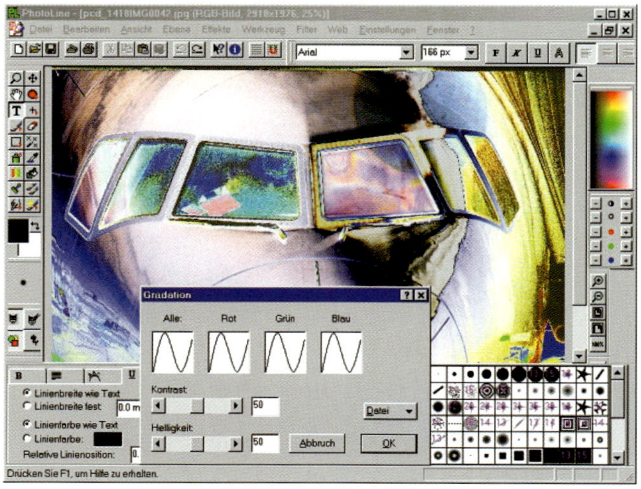

GÜNSTIGE SPASSPROGRAMME

Bei Preisen von 36 bis 61 Euro verheißen die quietschbunten Programme der Spaßklasse unbeschwertes Fotovergnügen. Alle Programme dieser Kategorie zeigen eine sehr ungewöhnliche, gewöhnungsbedürftige Benutzeroberfläche, die sich kaum umgestalten lässt. Sie liefern Hunderte oder Tausende Fertigmontagen mit, die alle Themen von der Geburt bis zur Goldenen Hochzeit abdecken. Hier klinkt der Gestalter nur noch die Köpfe seiner Lieben ein – schon quillt eine perfekte Einladungskarte samt Falzmarken aus dem Drucker. Mehrseitige Kalendarien sind eine weitere Spezialität in der Spaßklasse, während bei freie Montagen oder Kontrastkorrekturen wenig Auswahl herrscht.

PhotoDeluxe 4: Dieses Programm von Adobe enttäuscht auf ganzer Linie (www.adobe.de). Vor allem durch extrem naive Montagevorlagen, unbequeme Benutzerführung und eine zu knappe Gesamtausstattung.

Photo Express 4: Das Programm von Ulead hat viele witzige Spezialeffekte und eine hübsche eingebaute Bilddatenbank (www.ulead.de). Die Stapelbearbeitung dreht, korrigiert oder konvertiert alle gewählten Bilder auf einen Rutsch. Die Fertigmontagen für Druck und Internet wirken naiv. Zusammen mit PictureIt 2002 zeigt PhotoExpress jedoch die besten Kalendervorlagen.

PhotoSuite 4: Die PhotoSuite (www.mgisoft.com) setzt Einzelbilder zu Panoramen zusammen und lässt diese auf Internetseiten am Betrachter vorbeischwenken. Viele 1000 Miniaturfotos setzt die PhotoSuite zur Gesamtansicht eines Einzelbildes zusammen. Dabei kann man eigene oder mitgelieferte Bilder verwenden – diesen Hingucker bietet gar kein anderes Programm. Sehr schlicht wirken allerdings Textfunktion und Montage. Die Vorlagen für Internetseiten lassen sich vielseitig umgestalten, und die Drukkschablonen sehen sogar gut aus.

PictureIt 2002: Das Microsoft-Programm bietet innerhalb der Spaßklasse am meisten, vor allem bei Montage, Textobjekten und Benutzerführung, aber auch beim Internetdesign (www.microsoft.com/germany/homeoffice/pictureit/).

Die 6500 Vorlagen für Montagen und Internetseiten basieren meist auf blassen Zeichnungen, nicht auf Fotos.

KOSTENLOSE PROGRAMME

Im Internet finden Sie einige kostenlose Programme, die sich gut für einen Einstieg in die Bildbearbeitung eignen – und nicht für mehr.

Gimp 1.2: Das Programm ist vor allem bei Anwendern des Betriebssystems Linux bekannt. Die Windows-Version nervt durch umständliche Installation und eine sehr gewöhnungsbedürftige und dauerhaft umständliche Oberfläche (Internetadresse www.gimp.org/~tml/gimp/win32/). Mit ausgefeilter Montage-Technik, vielseitigen Kontrast- und Effekt-Befehlen, Vektorpfaden, speicherbaren Auswahlen und Ebenenmasken peilt Gimp ansonsten einen Platz in der Mittelklasse an.

IrfanView 3.61: Der Gratis-Dauerbrenner tritt in der Kategorie „Bildbetrachter" an, entsprechend wenige Funktionen zur Korrektur gibt es. Immerhin erhalten Sie eine schlichte Bilddatenbank und automatische Dateityp-Umwandlung.

Gimp 1.2: Das Gratisprogramm verwirrt mit seiner ungewöhnlichen Oberfläche.

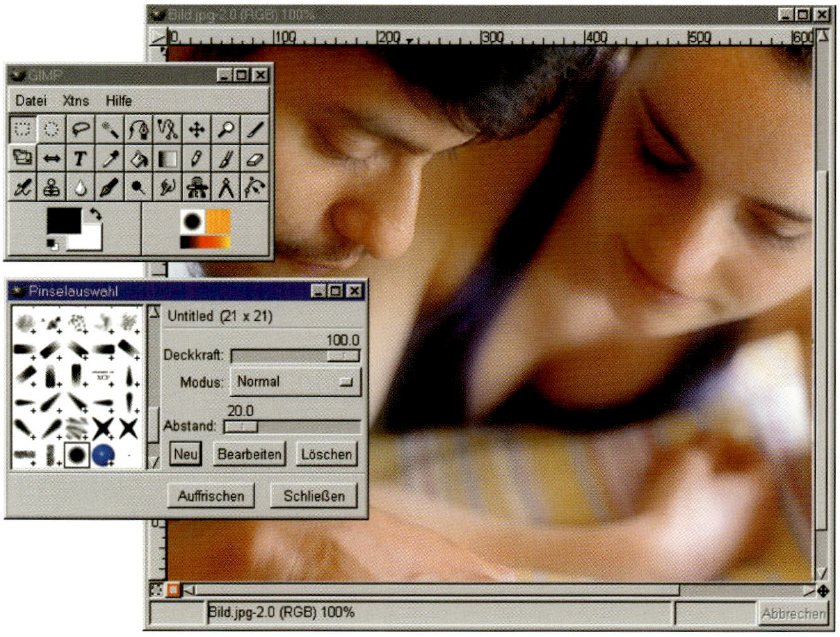

Tipps & Details

Hier erhalten Sie technische Angaben, weiterführende Hinweise und Internetadressen zu den einzelnen Kapiteln. Die Hinweise gelten oft nicht nur für die hier genannten Programmversionen. Sie lassen sich auch für ältere oder neuere Fassungen sowie für abgespeckte Spezialausgaben verwenden. Ein Beispiel: Unsere Anmerkungen zu Photoshop 7 eignen sich manchmal auch für Photoshop 6 oder für Photoshop Elements 2. Aus Platzgründen beschreiben wir jedoch nicht alle Möglichkeiten aller Programme, und natürlich erlauben nicht alle Programme jedes vorgestellte Verfahren.

Bildprogramme im Überblick haben wir bereits ab Seite 132 vorgestellt. Die genannten Internetadressen können sich nach Drucklegung geändert haben. Verlag und Autor übernehmen keine Verantwortung für Inhalt oder Verfügbarkeit dieser Seiten.

TECHNIK & AUSSTATTUNG (AB SEITE 12)

Die Ausstattung: Die sogenannten „3D-Funktionen" der Grafikkarten sind vor allem für Spiele, nicht zur Bildbearbeitung erforderlich. – Prüfen Sie, ob die Wiederholraten und Bilddpunktzahlen einer Grafikkarte für die anspruchsvolle Monitor-Farbtiefe von 24 oder 32 Bit gelten (Seite 110), und nicht etwa für acht oder 16 Bit Farbtiefe; diese niedrige Farbtiefe ermöglicht mehr Bildpunkte und mehr Tempo, stellt aber die Fotos eventuell verfälscht dar. – Einige hochprofessionelle Programme speziell für Drucker oder Layouter existieren vielleicht nur in einer Mac-Fassung.

Ihr Bildprogramm: Schneller Werkzeugwechsel in Photoshop: Drücken Sie die Strg-Taste, um vorübergehend das Verschieben-Werkzeug einzuschalten, oder Strg+Leertaste, um zwischenzeitlich zur Vergrößerungslupe zu wechseln.

Voreinstellungen: Hilfsprogramme wie ScanDisk oder Defragmentierung finden Sie unter Windows meist in diesem Programmordner: Start/Programme/Zubehör/Systemprogramme. Am Macintosh benötigen Sie Programme von Fremdherstellern, etwa die Norton Utilities. – Temporär-Dateien finden Sie unter Windows mit der Vorgabe „*.tmp" in der Suchfunktion. – Den Festplattenbereich zum Auslagern überschüssiger Daten regeln Sie bei Paint Shop Pro 7 mit „Datei / Einstellungen / Datei-Speicherpositionen/Rückgängig-Temporärdateien", bei Photoshop 7 per „Bearbeiten/Voreinstellungen/Zusatzmodule & Virtueller Speicher", in PhotoImpact 7 mit „Datei/Voreinstellungen/Allgemein/System". – Um Daten aus dem Arbeitsspeicher zu löschen, wählen Sie bei Paint Shop Pro 7 „Bearbeiten/Löschen", in Photoshop 7 „Bearbeiten/Entleeren", in PhotoImpact 7 „Bearbeiten/Korrekturspeicher löschen". – Die Farbtiefe des Rechners steuern Sie unter Windows so: Klick mit rechter Maustaste auf den Desktop, dann „Eigenschaften/Einstellungen".

Effizient arbeiten: Die 100-Prozent-Zoomstufe erreichen Sie in in Paint Shop Pro 7 per „Ansicht/Normalansicht"; in Photoshop 7 und PhotoPaint 10 klicken Sie doppelt auf die Lupe. Bei PhotoImpact 7 heißt es „Ansicht/1:1 Originalgröße", PhotoLine 32 8.5 nennt es „Ansicht/Anzeige 100 Prozent". – Der Navigator stammt aus Photoshop 7; die vergleichbare Funktion heißt bei Paint Shop Pro 7 „Übersichts-Fenster", bei PhotoLine 32 8 „Karte"; bei PhotoPaint 10 oder PhotoImpact 7 klicken Sie auf das abgesetzte Quadrat rechts unten im Bildrahmen. – Am Macintosh drücken Sie stets statt der Strg- die Apfel-Taste. – Die meisten Bildprogramme ab der Mittelklasse (Seite 132) bieten Befehleaufzeichnung; Ausnahmen: Gimp 1.2, Photoshop Elements, Paint Shop Pro 7.

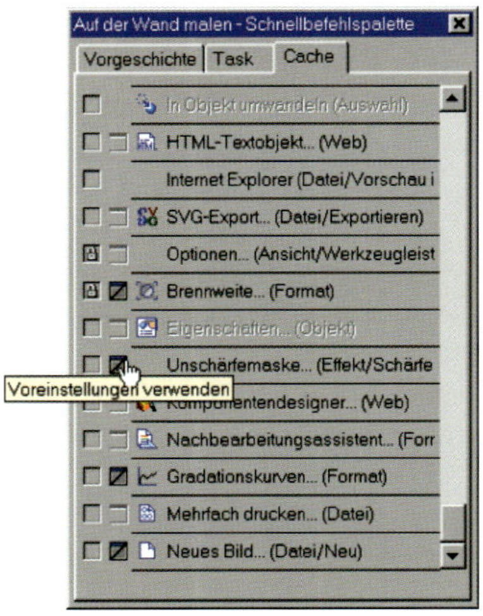

PhotoImpact 10:
Das Programm bietet die zuletzt genutzten Funktionen auf einer bequemen Schnellbefehlsleiste an.

Bilddatenbanken: Unter anderem erhalten Sie diese Bilddatenbanken als Einzelprogramm: Ulead PhotoExplorer 7 (www.ulead.de), ACDSee 4.0 (www.-acdsystems.com), ThumbsPlus 2002 (www.cerious.com), Compupic 6.1 (www.bhv.net, www.photodex.com), Cumulus 5.5 (www.canto.de), Photo Expert 1 (www.jasc.de) und sehr schwach Ahatool (www.ahatool.de). – Folgende Bildprogramme und Grafikpakete (Seite 132) liefern eine separate Bilddatenbank mit: PhotoImpact 7, Picture Publisher 10, Paint Shop Pro 7 Anniversary Edition, die meisten Ausgaben von CorelDraw. Eine schlichte Bilddatenbank-Funktion finden Sie außerdem in Programmen wie IrfanView, Microsoft Picture It 2002, Ulead Photo Express 4, Photoshop 7, Photoshop Elements 2 oder MGI Photo Suite 4 sowie bei vielen Paint-Shop-Pro-Versionen („Datei, Browser"). – Bei der Suche nach ähnlichen Bildinhalten glänzt ThumbsPlus 2002 u.a. mit der Funktion „Bearbeiten/Ähnliche Bilder finden".

Drucken: Eine Kontrastkorrektur für das Druckbild, ohne die Datei selbst zu ändern, bieten Photoshop 7, PhotoPaint 10, PhotoImpact 7, Photo Line 32 8.5. – Um ein Bild bequem auf mehrere Druckblätter zu vergrößern, verwenden Sie PhotoLine 32 8.5 und geben „Poster" als „Druckmodus" in den „Druckeinstellungen" vor; oder wählen Sie bei PhotoPaint 10 in den „Druckoptionen" die „Layout"-Registerkarte mit der Vorgabe „Gekachelte Seiten drucken". – Druckdienste im Internet: u.a. www.agfanet.de, www.fotolaboclub.de, www.snapx.de oder www.pixelnet.de. Fast beliebige Waren wie Tassen oder T-Shirts bedruckt www.spiegelei.de. – Material zum Bedrucken von T-Shirts oder Kreditkarten finden Sie im Internet u.a. bei diesen Herstellern und Anbietern: www.sigel.de, www.pearl.de, www.zweckform.de. – Mehrere Bilder auf ein Druckblatt, das erledigen fast alle Einsteigerprogramme (Seite 133), außerdem Paint Shop Pro 7 („Datei, Mehrere Bilder drucken"), Photoshop 7 („Datei, Automatisieren, Bildpaket") und PhotoImpact 7 („Datei, Mehrfach drucken"). – Komplette Bildkataloge gelingen mit allen Bilddatenbanken (siehe oben). Einfache Kataloge erzeugt Photoshop 7 per „Datei/Automatisieren/Kontaktabzug".

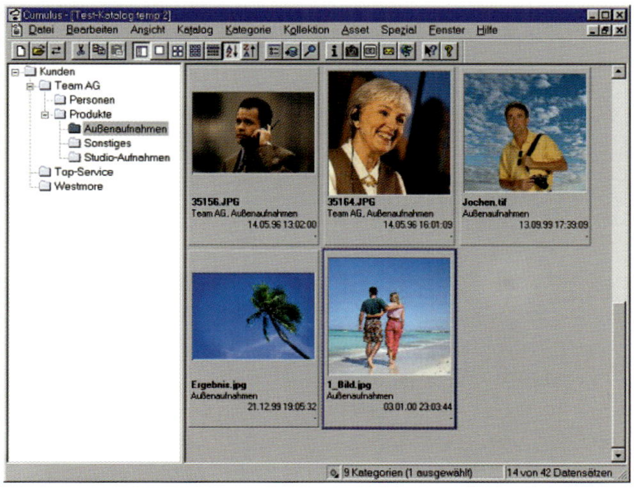

Cumulus 5.5: Die Bilddatenbank zeigt Unterkategorien in einer übersichtlichen Baumstruktur.

KONTRAST & FARBTON (AB SEITE 26)

Einstieg: Gerader Horizont: Bei Photoshop 7 ziehen Sie mit dem Messwerkzeug eine Linie exakt am schiefen Horizont entlang und wählen danach „Bild/Arbeitsfläche drehen/Per Eingabe"; das Dialogfeld schlägt den erforderlichen Drehwinkel vor. Eine ähnliche Technik bietet ThumbsPlus 2002. – Frei Drehen: Bei Paint Shop Pro 7 nehmen Sie „Bild/Drehen"; bei PhotoImpact schalten Sie das Verformwerkzeug ein, schalten in der Optionenleiste auf „Frei drehen" und klicken auf einen Pfeil neben „Drehwinkel"; PhotoPaint 10 nennt es „Bild/Drehen/Drehung einstellen"; bei Picture Publisher 10 wählen Sie „Umformen/Drehen/Beliebiger Winkel", bei PhotoLine 32 8.5 „Ebene/Bearbeitung/Ebene drehen". – Neue Bildfläche entsteht in Paint Shop Pro 7 per „Bild/Leinwandgröße", in Photoshop 7 per „Bild/Arbeitsfläche", bei PhotoImpact 7 heißt es „Format/Leinwand erweitern", bei PhotoPaint 10 „Bild/Seitengröße".

Tonwertumfang: Um ein Histogramm ohne Korrekturmöglichkeit zu sehen, drücken Sie bei Paint Shop Pro 7 die Taste „H", die Tonwerterweiterung mit Histogrammeinblendung gelingt per „Farben/Histogramm-Befehle/Histogramm-Justierung" oder per „Farben/Farbeinstellungen/Niveaus". – Photoshop zeigt per „Bild/Histogramm" ein Histogramm ohne und per „Bild/Einstellungen/Tonwertkorrektur" ein Histogramm mit Bearbeitungsmöglichkeit. – Bei PhotoImpact 7 heißt es „Format/Histogramm" oder „Format/Lichter Mitteltöne Schatten". – PhotoPaint-10-Nutzer klicken auf „Bild/Histogramm" oder zur Bearbeitung auf „Bild/Anpassen/Histogrammausgleich". Picture Publisher 10 nennt es „Bild/Vierteltöne", PhotoLine 32 8.5

Tipps & Details

bietet „Werkzeug/Histogramm". – Kontrastveränderung als Korrekturbrille, diese Technik heißt bei Photoshop 7 und Photoshop Elements 2 „Einstellungsebene", bei Paint Shop Pro 7 „Justierungsebene", bei Corel PhotoPaint 10 „Linse" und in manchen englischen Programmen „Adjustment Layer".

Kontraste: Bei Paint Shop Pro 7 öffnen Sie das Untermenü „Farben/Farbeinstellungen"; dort erhalten Sie die „Kurven" sowie die Gammakorrektur mit dem mittleren, grauen Dreieck im Dialogfeld „Niveaus". – Bei Photoshop 7 nehmen Sie das Untermenü „Bild/Einstellungen"; dort finden Sie die „Gradationskurven" sowie die „Tonwertkorrektur" mit dem grauen Gamma-Regler in der Mitte. – Bei PhotoImpact 7 öffnen Sie das „Farben"-Menü; dort gibt es die „Gradationskurven" und für die Gammakorrektur „Lichter, Mitteltöne, Schatten" mit dem „Mitteltöne"-Regler. – PhotoPaint 10 nennt es „Bild/Anpassen/Tonkurve", die Mitteltöne korrigiert der „Gamma"-Regler aus demselben Untermenü. – Picture Publisher 10: „Bild/Farbanpassung" für die Gradationskurve; „Bild/Vierteltöne" mit dem „M"-Regler für die Mitteltöne.

Korrektur-Tricks: Beachten Sie auch unsere allgemeinen Erklärungen zu Überblendtechniken auf Seite 80 und die Erklärung der Ebenenmaske auf Seite 76.

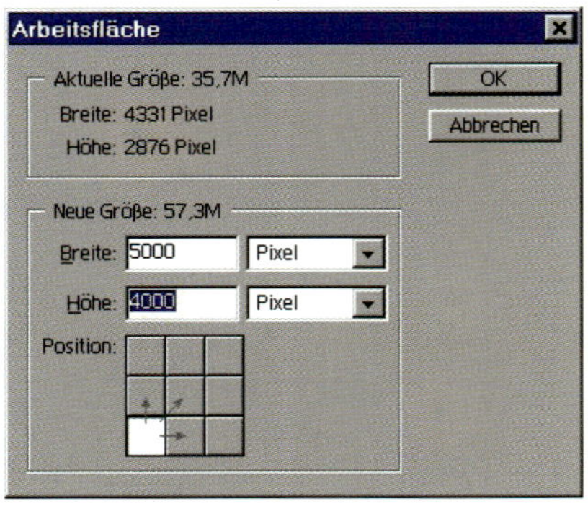

Photoshop 7: Einzelne Seiten der Bildfläche lassen sich gezielt erweitern.

Auto-Korrektur: Paint Shop Pro 7: Automatik-Korrektur mit Farbverschiebung per „Farben/Histogramm-Befehle/Dehnen". – Photo-shop 7: Wählen Sie das Untermenü „Bild/Einstellen" mit dem Befehl „Auto Tonwertkorrektur" für Tonwertsteigerung mit und „Auto Kontrast" für Tonwertsteigerung ohne Farbverschiebung. Pipetten für Schwarz- und Weißpunkt finden Sie in den Dialogfeldern „Gradationskurven" und „Tonwertkorrektur" aus demselben Untermenü. Nur Photoshop 7: „Auto Farbe" bearbeitet einen Farbstich ohne Tonwerterweiterung. – PhotoImpact versucht eine eigenständige Verbesserung per „Format/Auto-Verarbeitung/Helligkeit & Kontrast"; die „Stapelverarbeitung" aus demselben Untermenü führt eine ganze Reihe von Korrekturschritten automatisch durch. – PhotoPaint 10 bietet im Untermenü „Bild/Anpassen" die Befehle „Automatischer Ausgleich" und „Tonbalance". – Picture Publisher 10: „Umformen/Korrektur/Auto-Weißabgleich" stellt Kontrast und Farbton um; der Befehl „Bild/Vierteltöne" bietet Schaltflächen für Lichter- und Schatten-Pipetten.

Farbstimmung: Die „Farbbalance" präsentiert Paint Shop Pro 7 im Untermenü „Farben/Farbeinstellungen", Photoshop 7 in „Bild/Einstellungen" und PhotoPaint 10 unter „Bild/Anpassen". – Ein Tableau mit Korrekturvariationen liefert Photoshop 7 per „Bild/Einstellungen/Variationen", PhotoImpact 7 unter „Format/Farbbalance" und PhotoPaint 10 per „Bild/Anpassen/Farbton". – Einzelne Grundfarben bearbeiten Sie in Paint Shop Pro 7 mit „Farben/Histogramm-Befehle/Histogramm-Justierung"; dort wählen Sie im „Bearbeiten"-Menü eine Grundfarbe. In Photoshop 7, Picture Publisher 10 und PhotoPaint 10 aktivieren Sie eine einzelne Grundfarbe in der Kanäle-Palette; alternativ geben Sie, falls angeboten, die Grundfarbe direkt in den Korrekturdialogen an.

Umfärben: Den Befehl „Farbton/Sättigung" finden Sie in den folgenden Menüs. Paint Shop Pro 7: „Farben/Farbeinstellungen". – Photoshop 7: „Bild/Einstellungen". – PhotoImpact 7: „Format". – PhotoPaint 10: „Bild/Anpassen". – Picture Publisher: „Bild/Farbtonanhebung". – PhotoLine 32 8.5: „Werkzeug/Farbe".

Starke Wirkung: Hinweise zu allen Funktionen haben Sie bereits auf den vorhergehenden Seiten erhalten.

Plakative Grafik: „Schwellenwert" heißt in englischen Programmen oft „Threshold", „Tontrennung" erscheint als „Posterization". – Paint Shop Pro 7: Den Schwellenwert finden Sie unter „Farben/Farbeinstellungen", die Tontrennung per „Farben/Poster". Photoshop 7 bietet Tontrennung und Schwellenwert im Untermenü „Bild/Einstellungen". – PhotoImpact 7 liefert die Tontrennung als „Format/Grad"; für den Schwellenwert wechseln Sie per „Format/Datentyp" zu „Graustufen", dann folgt „Format/Helligkeit-Kontrast" mit maximalem „Kontrast"-Wert. – PhotoPaint 10 enthält beide Funktionen im Untermenü „Bild/Ändern". – Beachten Sie zum Färben unsere Anmerkungen weiter unten zur Seite „Spezialeffekte/Nostalgie" (Seite 100), zum Gaußschen Weichzeichner die Doppelseite „Spezialeffekte/Weichzeichnen" (Seite 98).

Bildschärfe: Die Untermenüs zum Schärfen sind wie folgt verteilt. Paint Shop Pro: „Effekte/Bildschärfe". Photoshop 7: „Filter/Scharfzeichnungsfilter". PhotoImpact 7: „Effekt/Schärfeeinstellung". PhotoPaint 10: „Effekte/Schärfe". – Den Zugriff auf einzelne Grundfarben erklären wir auf Seite 110 sowie in den Anmerkungen dazu auf Seite 141.

MALEN & RETUSCHIEREN (AB SEITE 48)

Pinselfunktionen: Die besten „künstlerischen" Malfunktionen bieten mit Abstand Painter 7 und Photoshop 7 (nicht Photoshop 6). Aber auch PhotoImpact 7, PhotoPaint 10 und Picture Publisher 10 haben vielseitige Werkzeugspitzen. – Ein bekannter Hersteller von Grafiktabletts ist Wacom (www.wacom.de). Die Preise für ein Grafiktablett beginnen bei rund 100 Euro, ein bemalbarer Bildschirm kostet rund 2000 Euro.

Farben & Verläufe: Farbverläufe und Farbfüllungen lassen sich in Photoshop 7 und Photoshop Elements 2 auch als jederzeit korrigierbare „Füllebene" anlegen.

Kolorieren: Die „Färben"-Funktion finden Sie oft innerhalb des Befehls „Farbton-Sättigung" (siehe Anmerkungen zur Doppelseite „Kontrast & Farbton/Umfärben", linke Seite).

Flecken entfernen: So treffen Sie eine besonders präzise Auswahl zum Überdecken der Störung: Rahmen Sie die Fehlerstelle mit dem Lasso ein, verschieben Sie den Auswahlrahmen ohne Bildinhalt über brauchbare Pixel, dann ziehen Sie diesen Bildinhalt zurück über den Fehler. – Verwenden Sie bei Photoshop 7 (nicht Photoshop 6) die „intelligenten" Funktionen Ausbessern-Werkzeug und Reparatur-Pinsel, die Helligkeitsunterschiede ausgleichen.

BILDTEILE AUSWÄHLEN (AB SEITE 58)

Per Zauberstab: PhotoPaint 10, Picture Publisher 10 und PhotoImpact 7 zeigen den Zauberstab eventuell nicht sofort in der Werkzeugleiste; der Zauberstab teilt sich dort ein Fach zusammen mit anderen wichtigen Auswahlwerkzeugen wie Rechteck oder Lasso. Öffnen Sie also die entsprechenden Untermenüs der Werkzeugleiste.

Exakte Auswahlen: Das Magnet-Lasso erscheint bei Paint Shop Pro 7 als „Kontrastgrenze"-Option zum Lasso, bei PhotoImpact nehmen Sie das Lasso mit der Vorgabe „Einschnappen", bei PhotoPaint 10 verwenden Sie die „Maskenschere", bei Picture Publisher 10 die Freihandmaske mit der Vorgabe „AutoMaske". – Den Befehl „Löcher entfernen" bietet Photoshop 7 unter „Auswahl/Auswahl verändern/Abrunden"; bei PhotoPaint 10 nehmen Sie das Untermenü „Maske/Form", bei Picture Publisher 10 heißt es „Maske/Form".

Weicher Rand: – Die weiche Auswahlkante heißt in englischen Programmen „Feather", bei Paint Shop Pro 7 „Randschärfe"; hohe Werte erzeugen dort eine weichere Kante. – Unerwünschte weiße und schwarze Randpixel verbannt Paint Shop Pro 7 per „Ebenen/Angleichen", bei Photoshop 7 nehmen Sie das Untermenü „Ebene/Hintergrund" (nur für Montageobjekte), bei PhotoPaint 10 wählen Sie „Objekt/Randpixel". – So verbergen Sie die Auswahl-Linie, ohne die Auswahlwirkung aufzuheben: Paint Shop Pro 7 nennt es „Auswahl/Laufrahmen unsichtbar", bei Photoshop 7 und PhotoPaint 10 nehmen Sie Strg+H, bei Picture Publisher 10 „Maske/Maske verbergen".

Auswahl speichern: Bei Paint Shop Pro 7 wählen Sie „Auswahl/Als Alphakanal speichern". – Photoshop 7 und PhotoPaint 10 kontrollieren die Alphakanäle bequem per Kanäle-Palette. – Bei PhotoImpact verwenden Sie die Schaltfläche „Maskenmodus" und sichern die Auswahl per „Datei/Speichern unter".

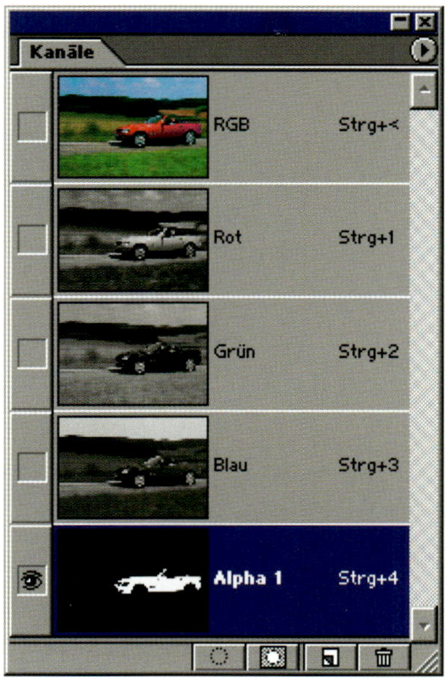

Photoshop 7: Alphakanäle mit Auswahlinformationen erscheinen in der Kanäle-Palette.

Tipps & Details

EBENEN & MONTAGE (AB SEITE 68)

Die erste Montage: Manche Bildprogramme zeigen die „Hintergrundebene“ nicht als Miniatur in der Ebenen-Palette an, darunter PhotoImpact 7. – Einige Ebeneneigenschaften stehen bei Picture Publisher 10 nicht per Ebenen-Palette zur Verfügung, sondern in der Eigenschaften-Leiste; schalten Sie zunächst das pfeilförmige Bearbeiten-Werkzeug ein.
Exakt arrangieren: Hilfslinien und Lineale blenden Sie meist per „Ansicht“-Menü ein. – Neue Werte für die Ebenen-Position tippen Sie bei PhotoImpact 7 und PhotoLine 32 8.5 in den Ebenen-Eigenschaften ein, bei Picture Publisher 10 heißt es „Objekt/Position“, bei Photoshop 7 nehmen Sie „Bearbeiten/Frei transformieren“ und tippen Werte in die Einstell-Leiste. – Das Karomuster für die Transparenz können Sie meist in den Voreinstellungen ändern oder abschalten.
Proportionen: Um ein Objekt in PhotoPaint 10 zu drehen oder zu skalieren, klicken Sie es einmal oder mehrfach mit dem Werkzeug „Objektauswahl“ an. Bei Paint Shop Pro 7 nehmen Sie das Werkzeug „Deformation“, das bei PhotoImpact 7 „Verformwerkzeug“, bei Picture Publisher 10 „Umformen“ heißt. In Photoshop wählen Sie „Bearbeiten/Frei transformieren“. Die verschiedenen Verzerrungsarten wechseln Sie mit Tastenkombinationen oder Schaltflächen. – Die Objektgröße können Sie auch in den Ebeneneigenschaften von PhotoImpact 7 steuern, PhotoLine 32 8.5 bietet hier auch Drehung und Neigung an. – Frei korrigierbare, abschaltbare 3D-, Füll- und Schatten-Effekte für normale Bildebenen bietet PhotoLine 32 8.5 per „Effekte“-Menü, Photoshop 7 u.a. nach Doppelklick auf die Ebenenminiatur in der Palette. – PhotoImpact 7 hat abschaltbare 3D-Effekte nur für Text und Vektor-Objekte, Pixel-Objekte verfremden Sie dagegen dauerhaft mit „Web/Schaltflächen-Designer/Jede Form“. Auch Picture Publisher 10 verfremdet dauerhaft per „Effekte/Kanten formen“, ebenso wie Paint Shop Pro 7 mit „Effekte/3D-Effekte/Innenfase“ bzw. „Schatten“. PhotoPaint 10 wirft einen perspektivischen, jederzeit korrigierbaren Schatten mit dem Werkzeug „Interaktiver hinterlegter Schatten“.
Deckkraft: Nicht alle Programme blenden Helligkeitsbereiche aus wie beschrieben; mithalten können PhotoPaint 10, Photoshop 7 und Paint Shop Pro 7. Bei Paint Shop wählen Sie in den Ebenen-Eigenschaften den Bereich „Anpassungsspannen“, bei Photoshop 7 benötigen Sie teilweise die Alt-Taste.
Überblenden: Besonderheiten bei Paint Shop Pro 7: „Sprenkeln“ heißt „Auflösen“, „Negativ multiplizieren“ ist „Abblenden“. – Bei Picture Publisher 10 stellen Sie die Überblendverfahren der Leiste mit dem pfeilförmigen „Bearbeiten“-Werkzeug ein; „Sprenkeln“ heißt hier „Auflösen“, „Abdunkeln“ erscheint als „Subtraktiv“. – Die „Helligkeit“ heißt bei Photoshop 7 „Luminanz“.
Bildteile verbergen: Die besten Funktionen zum Löschen und Ausblenden von Ebenenbereichen bieten insgesamt PhotoPaint 10, Paint Shop Pro 7 und Photoshop 7. Das Löschen per Radiergummi oder Auswählen funktioniert bei PhotoImpact 7 nicht. – PhotoImpact 7 und Picture Publisher 10 legen für jedes Objekt automatisch eine Ebenenmaske an, die Sie über eine Schaltfläche anzeigen und bearbeiten. Beim Erweitern eines zuvor verkleinerten sichtbaren Bereichs entstehen eventuell unerwünschte weiße Flächen. – Eine Beschnittgruppe erhalten Sie bei Photoshop 7, Photoshop Elements 2 und PhotoPaint 10.
Text: Bei PhotoImpact 7 und Paint Shop Pro können Sie für Textebenen nicht nur eine Einzelfarbe wählen, sondern auch Farbverläufe oder Muster; diesen Effekt erreichen Sie bei Photoshop 7 per „Ebene/Neue Füllebene“. – Textebenen rastern: PhotoPaint 10 verweigert Effekte-Befehle auf Textebenen, aber Sie können dort malen; Photoshop 7 rastert nach Vorwarnung, sobald Sie einen Effekte-Befehl starten, oder Sie wählen „Ebene/Rastern/Text“; Picture Publisher 10 bietet alle Effekte und Werkzeuge für Textobjekte an, führt die Funktionen aber nicht aus, ähnlich verhält sich PhotoImpact 7; in Paint Shop Pro 10 wählen Sie „Ebenen/Umwandeln in Rasterebene“, bevor Sie Effekte verwenden. – Absatztext mit automatischen Zeilenumbruch erhalten Sie nur bei Photoshop 7 und PhotoLine 32 8.5. Wollen Sie einen kompletten Kalender in Ihrem Bildprogramm gestalten, so nutzen Sie die Kalenderautomatik von Programmen wie PhotoExpress 4, Picture It 2002 oder PhotoLine 32 8.5.
Schriftzüge mit Pep: Photoshop 7 bietet die Texteigenschaft „fett“ oft nicht direkt an; öffnen Sie dann das Menü zur Zeichen-Palette, und wählen Sie „Faux fett“. – Texte einstanzen: Für Neutralgrau richten Sie als RGB-Werte jeweils 50 ein; bei Photoshop 7 brauchen Sie die graue Füllung nicht, stattdessen setzen Sie den „Fläche“-Regler in der Ebenen-Palette auf 0 (Photoshop 6: Setzen Sie im Dialogfeld „Ebenenstil“ die Deckkraft im Bereich „Erweiterte Füllmethode“ auf Null). – Wie Sie den Umriss einer Textauswahl füllen, erfahren Sie unten in den Anmerkungen zur Doppelseite „Spezialeffekte/Tolle Bildränder“ (rechte Seite). – Den Befehl „Dunkle Bereiche vergrößern“ finden Sie bei Photoshop 7 und Photoshop Elements 2 im Unter-

menü „Filter/Sonstige Filter“. – Fertige Formen für verbogenen Text liefert PhotoImpact 7 in der „Wickel-Galerie“ innerhalb der „Trickkiste“, bei Photoshop 7 klicken Sie auf die Schaltfläche „Verkrümmten Text erstellen“ in den Optionen zum Textwerkzeug. – Text auf frei definierten Pfaden erlauben PhotoImpact 7, Paint Shop Pro 7, Picture Publisher 10, PhotoLine 32 8.5 und Painter 6.

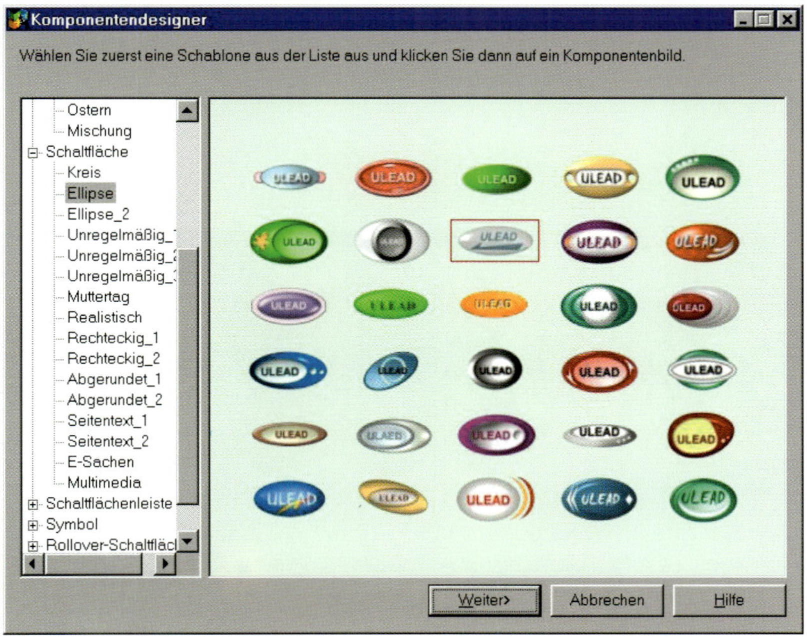

PhotoImpact 7: Schriftzüge verformen sich per Mausklick.

SPEZIALEFFEKTE (AB SEITE 86)

Blickfang pur: Die besten „künstlerischen“ Filter-Befehle und Pinsel bietet das spezialisierte Profiprogramm Painter (Seite 131). – Verbiegen per Maschengitter erlauben, PhotoPaint 10 („Effekte/Verzerren/Maschen verbiegen“) sowie PhotoImpact 7 („Effekt/Krümmen“). Verzerrer in Pinselform finden Sie u.a. bei PhotoImpact 7 und Picture Publisher 10, bei Photoshop 7 per „Filter/Verflüssigen“. – Das „Wetter“ liefert PhotoPaint 10 im Untermenü „Effekte/Kreativ“, eine „Seite aufrollen“ können Sie im Untermenü „Effekte/3D-Effekte“. Bei PhotoImpact heißt es „Effekt/Kreativ/Partikel“ für Schnee und Regen sowie „Effekt/Zauber/Umblättern“ für die Papierrolle. – Kostenloses im Internet: Die Papierrolle als kostenloses Plug-in „PageCurl“ (Seite 102) liefert www.deepspace-web.com im Bereich „Photoshop Plug-ins“.

Tipps und Tricks: Bei Photoshop 7 drücken Sie Strg+Alt+F, um den letzten Filterdialog erneut aufzurufen, bei PhotoLine Strg+Umschalt+L; beide Programme bieten diese Wiederholung auch als Befehl im „Filter“-Menü an. Um den Filter sofort ohne Dialogfeld ablaufen zu lassen, wählen Sie bei Photoshop 7 Strg+F. In PhotoPaint 10 verwenden Sie das Untermenü „Effekte/Wiederholen“, bei PhotoImpact 7 den „Cache“-Bereich der Schnellbefehlsleiste. – Photoshops Befehl „Bearbeiten, Verblassen“ mischt die aktuelle, gefilterte Bildansicht regelbar mit der vorhergehenden Arbeitsstufe.

Bewegung: Den Zoomeffekt haben nicht alle Programme. Photoshop 7 liefert die Funktion unter „Filter/Weichzeichnungsfilter/Radialer Weichzeichner“ mit der Vorgabe „Strahlenförmig“; bei PhotoPaint 10 heißt es „Effekte/Unschärfe/Zoom“, bei PhotoImpact 7 „Effekt/Objektiv/Zoom-Unschärfe“. – Die „Bewegungsunschärfe“ bieten PhotoPaint 10, Photoshop 7, PhotoImpact 7, PhotoLine 32 8.5 wie auch Paint Shop Pro 7. Dazu kommen verschiedene „Wind“-, „Sturm“- und „Verwackelungs“-Filter.

Lichtspiele: Gegenlichtreflexe und Beleuchtungseffekte bieten die meisten Programme in diesen Menüs: bei Picture Publisher 10 „Effekte“, bei Paint Shop Pro 7 „Effekte/Licht-Effekte“, bei PhotoPaint 10 „Effekte/Wiedergeben“, bei Photoshop 7 „Filter/Rendering-Filter“, bei PhotoImpact 7 „Effekt/Zauber“ und bei PhotoLine 32 8.5 „Filter/Effektfilter“. – Kostenloses im Internet: Gegenlichtwirkung erzeugt das Plug-in LensFlare, zu erhalten unter www.axionfx.com/free_stuff.asp.

Tolle Bildränder: Einfache Farbkanten erzeugt Paint Shop Pro 7 per „Bild/Rahmen hinzufügen“; bei

Tipps & Details

Photoshop 7 verwenden Sie Strg+A, dann „Bearbeiten/Kontur füllen“; alternativ heben Sie das Bild mit Strg+A, dann Strg+J auf eine neue Ebene und wählen „Ebene/Ebenenstil/Kontur“. Auch bei PhotoImpact 7 starten Sie mit Strg+A, dann „Auswahl/Rand“ und schließlich „Bearbeiten/Füllung“. – Angefressene Bildränder oder plastische Rahmen liefert PhotoImpact 7 so: Blenden Sie mit F2 die „Trickkiste“ ein, wählen Sie dort die Rahmengalerie, und klicken Sie mit rechts auf den gewünschten Rahmen. Bei Paint Shop Pro 7 nutzen Sie „Bild/Bildrahmen“. – Plastische Kanten: Meist sollten Sie eine neue Ebene oder zumindest eine Auswahl anlegen; weitere Hinweise finden Sie oben in den Anmerkungen zur Doppelseite „Fotomontage/Proportionen und Effekte“ (Seite 68).

Weichzeichnen: Die Weichzeichner-Untermenüs finden Sie in den Hauptmenüs „Effekte“ oder „Filter“. Die Überblendmethode „Negativ multiplizieren“ heißt bei PhotoPaint 10 sinnlos „Bildschirm“; die „Methode „Wenn heller“ erscheint auch als „Aufhellung“.

Nostalgie: Die Färben-Funktion finden Sie oft innerhalb der Funktion „Farbton-Sättigung“ (siehe Anmerkungen zur Doppelseite „Kontrast & Farbton/Umfärben“); Sie klicken in diesem Dialogfeld die Vorgabe „Färben“ oder „Einfarbig“ an, danach steuern Sie die Färbung mit dem „Farbton“-Regler; senken Sie die Sättigung auf 30 bis 50 Prozent. Bei Picture Publisher 10 nehmen Sie den Befehl „Bild/Farbtonanhebung“ mit der Option „Einfarbig“, Paint Shop Pro 7 bietet die Funktion „Farben/Kolorieren“. – Den Filter Körnung finden Sie bei Photoshop im Untermenü „Filter/Strukturierungsfilter“; bei Picture Publisher testen Sie „Bildrauschen“ und „Farbrauschen“, bei PhotoLine 32 8 „Filter/Pixelfilter/Rauer“, Paint Shop Pro 7 bietet „Effekte/Bildrauschen/Hinzufügen“, PhotoImpact 7 nennt es „Effekt/Störungen/Stören“.

Gratis-Effekte: Kostenloses im Internet: Eine Gratis-WinZip-Testversion finden Sie im Internet unter www.winzip.de. Die Plug-ins „Pole Transform“ und „Copies“ finden Sie unter www.geocities.com/murakuma/mmplugins.html; Jama 3D erhalten Sie unter www.redfieldplugins.com/Download.htm.

Kommentierte Hinweise (leider nur in englischer Sprache) auf zahlreiche kostenlose Plug-ins bieten www.thepluginsite.com/resources/freeps.htm und in großer Auswahl auch www.netins.net/showcase/wolf359/plugins.htm.

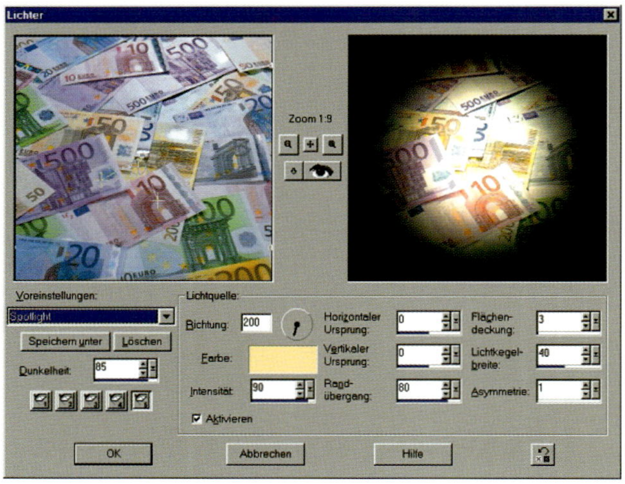

Paint Shop Pro: Die Beleuchtungseffekte zaubern Stimmung in flaue Vorlagen.

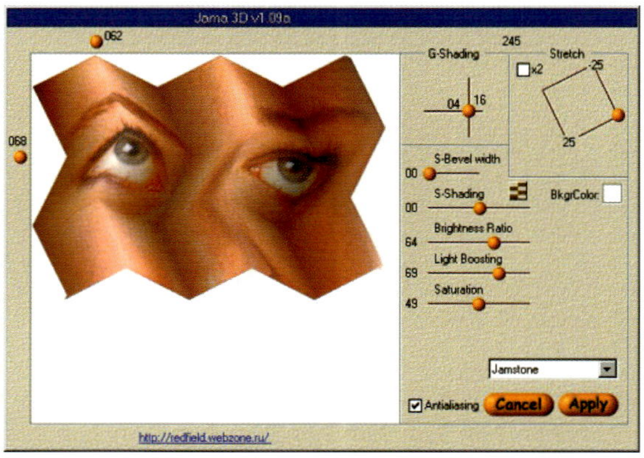

Jama 3D: Dieses Gratis-Plug-in knickt das Bild mit plastischer Wirkung.

PIXEL, FARBTIEFE & DATEIFORMAT (AB SEITE 104)

Pixel & Vektoren: Diese Programme sind vor allem auf Vektorgrafik spezialisiert: Illustrator, FreeHand, CorelDraw. Alle üblichen Bildprogramme bearbeiten dagegen hauptsächlich Pixeldateien. Gute zusätzliche Vektor- und Textfunktionen bieten u.a. die Bildprogramme Photoshop 7, Paint Shop Pro 7, PhotoLine 32 8.5 und PhotoImpact 7.

Pixel & Dateigröße: Es gibt auch Farbdrucker mit mehr als vier Grundfarben; eine sinnvolle Bildauflösung hängt auch vom Rasterverfahren und vom Papier ab. – So rechnen Sie die Pixelzahlen um: In Photoshop 7 und Paint Shop Pro 7 heißt es „Bild/Bildgröße“, bei PhotoImpact 7 „Format/Bildgröße“, bei Picture Publisher 10 „Umformen/Bildgröße“, PhotoPaint 10 nennt es „Bild/Bild neu aufbauen“.

Farbmodus: Die meisten Bildprogramme melden den aktuellen Farbmodus in der Titelzeile des Bildes oder in der Informationsleiste unten. – Gute Unterstützung für Bilder mit 16 Bit pro Grundfarbe finden Sie vor allem bei Photoshop 7 oder Picture Publisher 10.

Modus ändern: So erreichen Sie das Untermenü zum Wechsel von Farbmodus oder Farbtiefe: Paint Shop Pro 7 bietet im „Farben“-Menü die Untermenüs „Farbtiefe verringern“ und „Farbtiefe erhöhen“ sowie den Befehl „Graustufenbild“; bei Photoshop 7 und bei PhotoPaint 10 wählen Sie „Bild/Modus“, bei PhotoImpact 7 heißt es „Format/Datentyp“. – Kanäle-Paletten finden Sie bei Photoshop 7, Picture Publisher 10 und PhotoPaint 10; klicken Sie einen Kanal an, um ihn einzeln zu betrachten, dann wählen Sie den „Graustufen“-Befehl. Paint Shop Pro 7 splittet Sie ein Bild so in drei Grauvarianten auf: „Farben/Kanäle trennen/RGB-Trennung“. – Den Kanalmixer bietet Photoshop 7 unter „Bild/Einstellungen“, Picture Publisher 10 per Strg+Alt+M, bei Paint Shop Pro 7 heißt es „Farben/Farbeinstellungen“; Photoshop 7 und PhotoPaint 10 erzeugen individuelle Graustufen überdies mit dem komplexen Befehl „Bild/Kanalberechnungen“. Kostenloses im Internet. Ein nützliches Plug-in (Seite 102) für vielseitige Graustufenbilder finden Sie kostenlos im Internet unter http://webuser.rhein-main.net/grafcolor/html/rgbtogra.htm.

Dateitypen im Überblick: Außer den verschiedenen Photoshop-Varianten öffnen zum Teil auch folgende Programme Montagen im Photoshop-PSD-Format: PhotoPaint 10, Paint Shop Pro 7, PhotoLine 32 8.5. – Weitere Dateitypen: EPS und DCS aus der professionellen Druckvorstufe sollen meist nur gedruckt, aber nicht bearbeitet werden; sie nehmen auch Text, Vektorgrafik und Druckerinformation auf; das PDF-Format speichert ganze Broschüren oder Diaschauen, aber auch Einzelbilder zur Betrachtung im kostenlosen, gängigen Programm Acrobat Reader. – Wollen Sie den Dateityp ganzer Bildsammlungen ändern, nutzen Sie die Stapelkonvertierung; sie findet sich bei allen Bilddatenbanken, aber auch bei Bildprogrammen (Paint Shop Pro 7: „Datei/Batch Konvertierung“; Photoshop Elements: „Datei/Stapelverarbeitung“; PhotoImpact7: „Datei/Stapelumwandlung“).

Komprimierung: Weitere Informationen über JPEG 2000 finden Sie beim JPEG-Komitee unter www.jpeg.org/JPEG2000.htm;
Sie können Ihr Bildprogramm oder Ihren Internet-Browser mit dem Plug-in „LuraWave“ auf JPEG 2000 nachrüsten (www.luratech.de).

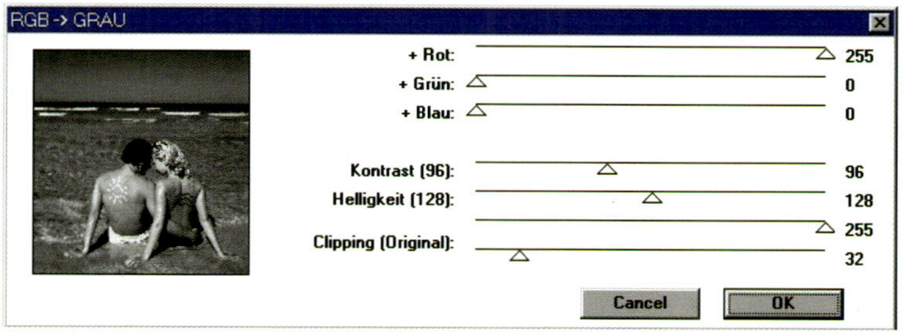

RGB-Grau:
Das kostenlose Zusatzmodul erzeugt maßgeschneiderte Graustufenergebnisse.

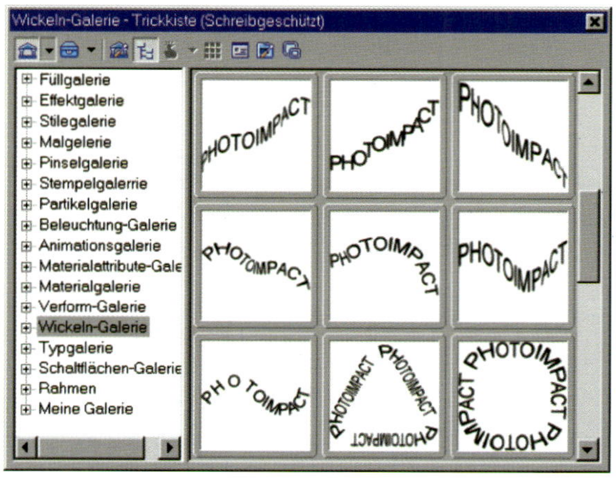

PhotoImpact 7:
Schriftzüge verformen sich per Mausklick.

INTERNETGESTALTUNG (AB SEITE 118)

Die besten Bildprogramme für Internet-Designer sind PhotoImpact 7 und Photoshop 7.

Grundlagen: Kostenloses im Internet: Gratis-Speicherplatz für Ihre Internetseiten (sog. „Webspace") bieten http://nbci.com/mywebsite, www.tripod.de, www.crosswinds.net, http://geocities.yahoo.com/home sowie www.fortunecity.de; Sie müssen jeweils Werbung in Kauf nehmen. Eine Einführung in HTML-Technik liefert http://selfhtml.teamone.de/, Tipps für Fortgeschrittene bietet www.fineart-web.de

Effekte und Links: Picture Publisher 10: Rollover-Zustände definieren Sie direkt in den Objekt-Eigenschaften via Objekte-Palette und per „Web/Rollover-Eigenschaften". Eine Vielfach-Mustervorschau liefert der Befehl „Ansicht/Als Webmuster anzeigen", abstrakte Muster entstehen per „Effekte/Strukturendepot". – PhotoImpact 7: Fertige Rollover-Schaltflächen mit Möglichkeit zur Nachbearbeitung erhalten Sie per „Web/Komponenten-Designer"; vorhandene Montageobjekte bearbeiten Sie per „Web/Rollover". Neue abstrakte Muster liefert „Web/Hintergrund-Designer". Gute nahtlose Hintergrundmuster aus vorhandenen Bildern erzeugt der Befehl „Web/Nahtlos auslegen"; legen Sie erst eine Auswahl an. Eine Hintergrundmusterdatei für die Montage und für die spätere Internetseite definieren Sie per „Web/Web-Eigenschaften" im Bereich „Hintergrund". Um das eingeplante Musterbild anzuzeigen, wählen Sie „Ansicht/Basisbild".- Paint Shop Pro 7: Für Hintergrundmuster legen Sie eine Auswahl an, dann heißt es „Auswahl/Umwandeln in ein nahtloses Muster". Slices entstehen zunächst per „Datei/Export/Bild-Unterteilung", dort gibt es auch den „Rollover-Editor". Schaltflächen-Rohlinge liefert das „Formen"-Werkzeug. – Photoshop 7: Verwenden Sie „Filter/Mustergenerator"; bei Photoshop 6 nehmen Sie das mitgelieferte Programm ImageReady 3 mit „Filter/Sonstige Filter/Kacheln erstellen". – Kostenloses im Internet: Hintergrundmuster gibt es unter www.textures.de, www.anigifs.de sowie www.3d-ressource.de, Schaltflächen per www.buttons-and-more.de.

Bilder aufteilen: Picture Publisher 10: Slices und Image-Maps entstehen mit dem „Web-Menü". – Paint Shop Pro 7: Slices und Image-Maps erhalten Sie mit dem Untermenü „Datei/Export". – Photoshop 7: Starten Sie das beiliegende Programm ImageReady; dort verwenden Sie die Werkzeuge für Slices und Image-Maps; nutzen Sie auch die Befehle für „ebenenbasierte" Slices oder Image-Maps aus dem „Ebene"-Menü. – PhotoImpact 7 bietet die Werkzeuge „Trennen" und „Bildverknüpfung".

Trickfilme: Die besten vorgefertigten Effekte für Gif-Trickfilme liefert PhotoImpact 7; verwenden Sie am einfachsten die „Trickkiste" mit der „Animationsgalerie", engagierte Gestalter starten das mitgelieferte Programm „Gif Animator 5". – Die besten Möglichkeiten für individuell bewegte Montageobjekte liefert ImageReady 7 aus dem Photoshop-7-Paket mit seiner Animationen-Palette. – Zu Paint Shop Pro 7 gehört das interessante separate Programm Animation Shop 3, während PhotoPaint 10, Picture Publisher 10 und PhotoLine 32 8.5 nur Basisfunktionen enthalten. – Flash-Filme („.swf") mit Vektor- und Textobjekten erzeugen u.a. Rave aus dem Corel-Draw-10-Paket, LiveMotion von Adobe oder Flash von Macromedia. – Kostenloses im Internet: Informationen und viele Trickfilmdateien unter www.zampano.com/gifanim und www.animiertegifs.de.

Diaschau digital: Besonders vielseitige Internetgalerien fanden wir bei diesen Programmen: PhotoImpact 7, Photo Explorer 7, Paint Shop Pro 7 Anniversary Edition 1, Photoex-pert 1 Photoshop 7 (der Befehl heißt dort „Datei, Automatisieren, Web-Fotogalerie"). – Gute Diaschauen am Monitor liefern ThumbsPlus 2002, PhotoImpact 7 oder PhotoSuite 4. – Vielfalt herrscht beim Speichern einer Diaschau zur Weitergabe an andere Rechner: PhotoImpact 7 erzeugt eine HTML-Schau, die auch im Internet läuft; PhotoLine 32 8.5 verwendet das PDF-Format, der Betrachter muss also das Programm Acrobat Reader haben; Cumulus 5.10 nutzt Quicktime, das auch der Betrachter installieren muss. ThumbsPlus 2002 erzeugt sehr vielseitige Diaschauen als Exe-Datei, die allerdings nur auf Windows-Rechnern laufen, nicht am Macintosh.

SUCHWORTREGISTER

Was bedeutet „Skalieren", und was hat es mit „TIFF-Dateien" auf sich? Das Suchwortregister führt Sie auf schnellstem Weg zu allen wichtigen Begriffen in diesem Buch.

Bildquellen

Soweit im Folgenden nicht anders vermerkt, stammen alle Foto-Vorlagen von Reinhard Eisele, alle technischen Grafiken, Bildschirmfotos und Bildbearbeitungen von Heico Neumeyer. Um Korrektur-Verfahren besser darstellen zu können, wurden einige Vorlagen vom Verfasser redaktionell bearbeitet.

Studio Willi Gerlach, Wermelskirchen (Danke!): Postkarte Seite 9 inkl. Retusche. Fa. Apple: Vorlage Produktfotos Seite 4 rechts, 14 unten, 74/75. Fa. Wacom: Vorlage Produktfotos Seite 4 links, Seite 50 l.u., 51. PhotoDisc.de: Vorlagen Seite 18, 22, 129. Fa. Intel: Seite 14 oben. Fa. Corel: S. 51 rechts, das Bild entstand mit Procreate Painter. Fa. Canon: Vorlage Büroszenen Seiten 8, 15, 24, 129 r.u. Fa. Sigel: Produktfotos Seite 9, 25.

Die im Buch veröffentlichten Ratschläge wurden von Verfasser und Verlag sorgfältig erarbeitet und geprüft. Eine Garantie kann dennoch nicht übernommen werden. Ebenso ist die Haftung des Verfassers bzw. des Verlages und seiner Beauftragten für Personen-, Sach- und Vermögensschäden ausgeschlossen.

Die Deutsche Bibliothek - CIP-Einheitsaufnahme

Ein Titeldatensatz für diese Publikation ist bei der Deutschen Bibliothek erhältlich.

Lektorat: Barry Sandoval
Layout/Satz: Bernd Walser Buchproduktion, München
Layoutkonzeption: Graphit Design, Germering
Umschlaggestaltung: Petra Dorkenwald, München
Herstellung: Dagmar Guhl
Reproduktion: LithoArt, München
Druck und Bindung:
Offizin Andersen Nexö, Zwenkau
ISBN 3-8043-5150-6
Printed in Germany